带你感受文化的、自由的、承前启后的语文教育

我在台湾教语文

从故事开始学古文

高诗佳◎著

台海出版社

图书在版编目（CIP）数据

从故事开始学古文 / 高诗佳著. — 北京 ：台海出版社，2015.1
（我在台湾教语文 / 赵涛，李金水主编）　　　　　（2019.3重印）
ISBN 978-7-5168-0561-9

Ⅰ．①从… Ⅱ．①高… Ⅲ．①文言文－初中－课外读
物 Ⅳ．①G634.303

中国版本图书馆CIP数据核字（2015）第015916号

著作权合同登记号：图字：01-2014-6898

本书为（台湾）五南图书出版股份有限公司　授权　北京兴盛乐书刊发行有限责任公司在中国大陆出版发行简体字版本

从故事开始学古文

著　者：高诗佳	
责任编辑：侯　玢	装帧设计：尚世视觉
版式设计：刘丽娟	责任印制：蔡　旭

出版发行：台海出版社

地　址：北京市东城区景山东街20号，　邮政编码：100009

电　话：010—64041652（发行，邮购）

传　真：010—84045799（总编室）

网　址：www.taimeng.org.cn/thcbs/default.htm

E-mail：thcbs@126.com

经　销：全国各地新华书店

印　刷：保定市西城胶印有限公司

本书如有破损、缺页、装订错误，请与本社联系调换

开　本：150×210　　1/32	
字　数：144千字	印　张：8.75
版　次：2015年5月第1版	印　次：2019年3月第7次印刷
书　号：ISBN 978-7-5168-0561-9	
定　价：29.80元	

推荐序

那些年，我们一起读的经典故事

好听的故事总是让人动容。

公元前473年，越王勾践发动了秘藏在民间的三万雄兵，一举将吴国的都城姑苏团团围住。吴王夫差的手中虽然掌握了五万兵马，却因粮草不足而不敢出城一战。夫差天真地想仿效二十年前勾践求和的方式，替自己留下一条生路。但此时的勾践却非当年的夫差，他不贪财好色，也不刚愎自用，而是深刻记取曾经亡国的教训。最终，在越国将士一心的合作下，获得了完全的胜利。

越王勾践在遭受种种的耻辱后，之所以能够成功地复国，除了卧薪尝胆的自我激励，还在于他深知在生死存亡的面前，坚定自我的心志有多么重要。同样的，善于接纳门客的贤王孟尝君，像伯乐般懂得善用人才，后来在受到秦王妒忌而沦为阶下囚时，让他成功脱困的正是那群被视为鸡鸣狗盗的无用之士。

诸如此等，这些匿藏在古代经典中的故事，总是精心巧妙而又深刻迷人。至于里头所蕴含的生命智慧，更是值得我们反覆地思索与追寻。可惜的是，因为语言的隔阂与卷帙的浩瀚，大家在阅读这些典籍时总会遭受不小的障碍。思维开阔的诗佳老师，为了让喜爱经典与思索生命的朋友，能够用轻松、写意的方式，穿越时空的阻隔，进入古典文学美妙的殿阁，著写了本书。本书透过典型性文章的选取，以及现代小说的改写方式，令原本生硬的文言文文章，一一变成好看又有趣的故事。每则故事后头，都搭配着具有巧思与讽刺意义的漫画，以及诗佳老师对故事独特的诠释，每每读来都让人拍案叫绝。

　　笔者长年任教于大学，深知培养孩子语文能力与心灵力量的重要性。懂得阅读与思考的孩子，在成长的过程中，总比别人有更多面对困境的从容与智慧。他们不会过度在意外在得失，也不武断的与别人一较高下，而是汲汲于追求生命真正的价值与愉悦。所以，我们也邀请有识的家长，带着孩子跟随诗佳老师，一同走入中国古代迷人的经典故事，领会古文的智慧。我相信，这必然是无比欢乐而又丰盈的阅读过程。

虎尾科技大学通识教育中心副教授

王文仁

作者序
乘着经典的羽翼，解开古文之谜

相信很多朋友不会忘记，过去在学习文言文的篇章时，总会遇到语言晦涩、难以理解的问题。这时，如果有人能帮我们把这些难懂的部分，通通转化成现代易懂的文字语言，再搭配精彩有趣的诠释，那么，这些古老篇章的学习，想必就不会这么困难了。

确实，古典文学的学习首先必须克服的就是语言的障碍。如果这一关无法通过，就算文字的描述再怎样美妙，传达的微言大义多么深刻有用，我们就是无法从中找到可以穿越的入口。为了让更多的朋友，能够更容易地进入古典文学高深的殿堂，诗佳老师在浩瀚如烟的经典中为读者选取最重要的篇章，透过独特的想象力与创造力，将原本难懂的文言文，改写成一个又一个好看的故事。

书中的【经典故事】单元，由诗佳老师对原作进行小说式的铺叙、改写。【诗佳老师说】轻松带领读者深入浅出的赏析原作。【名句经典】抽出原作最精华的句子和主旨，道破其背后隐含的智慧与哲思。幽默讽刺的【漫画经典】，用一到两张漫画强化读者对故事的印象。这样的引导安排，使整个阅读的过程充满趣味，读者也将与我乘着经典的羽翼，在迷人的故事与图画中，开启生命的格局与智慧。

　　本书在写作时，除了顾及史实与原作的考量外，更希望能跳脱框架，让阅读成为培养独立思考能力的利器。比方说，在陶渊明的《桃花源记》里，一般人仅读到他所勾勒的美好世界，却没注意到文中的名士"刘子骥"，其实反映了陶渊明心中的失落与美好世界之不可得。同样的，欧阳修在修《新五代史》时写下《新五代史伶官传序》，谈到后唐庄宗李存勖的崛起与失败，一般理解的是国君耽溺于声律、信任伶人导致亡国。本书则指出：李存勖甘受伶人的巴掌，不只是盲目宠信，更由于他自小所受的艺术熏陶，使其将在台上受巴掌当成是戏的一部份，而非昏庸的铁证。如此，人性的多面与完整性，在这样的理解中就可以获得保全。

　　诸如此等，诗佳老师在细心阅读原文寻找问题的过程中，试图解开这些经典古文中的重重谜题。过程遭受不少障碍，却也发掘出不少有趣的想法。为了能够跟大家分享这些

想法，于是决定将自己对古文原作的理解、考察、思索与史观，化成一则则的短篇故事，用现代小说的笔法取代直白的翻译，将生硬的古文"再创作"，将埋藏其中的人生哲理和谋略一一解密。同时也让更多的朋友们，在透过阅读增强中文语文能力时，也能一同分享生命的智慧与喜乐。

目录
CONTENTS

春 秋

CHUNQIU

❶ 烛之武的离间计

（春秋·左丘明《左传·烛之武退秦师》）

【经典故事】

外头来报："晋公子重耳一行人正向国都走来。"

郑文公摆摆手说："我知道了，退下吧！"却没有交代任何话。

大夫叔瞻上前劝告："听说晋公子贤明，他的随从都是国家的栋梁，又与大王同姓姬，有同宗的情谊，应该以礼节迎接。"

郑文公摇了摇头，说："从自己的国家逃出来、又经过我国的公子实在太多了，怎可能都按礼仪接待呢！"

叔瞻建议："您如果不打算以礼相待和重耳交个朋友，不如杀掉他，免得将来遭到他的报复。"

郑文公哈哈大笑，根本不相信重耳有那么大的能耐报复自己，也没有听从劝告礼遇重耳。后来重耳终于回到晋国，即位为晋文公。

过了几年，晋国、秦国联合起来围攻郑。晋军驻扎在函陵，秦军驻扎在泛南，随时可以发动攻击。晋文公对大夫子犯说："在我逃难时，郑伯不以礼相待而态度冷淡，这就算了，郑还和楚国亲近，显然对我有二心。今天我就要一举灭了郑国！"

郑文公坐在大殿上，得知晋、秦联手攻来，焦急得不得了。

大夫佚之狐思索了片刻，提出建议："国家正在危急存亡之际，如果派烛之武去见秦伯，秦军一定撤走，晋军就无法独自进攻了。"郑文公听后便下令召见烛之武。

烛之武见了郑文公，却慢条斯理地推辞道："臣壮年时还远不如他人，现在老了更不中用啦。"

郑文公放低姿态说道："唉，我不能及早任用你，现在国家危急了才来求你，是我的错。但郑国灭亡，对你也不是什么好事啊！"烛之武便答应了。

到了晚上，烛之武就在腰间绑了根绳子，吊下城去求见秦穆公。他见了秦穆公就说："秦、晋围攻郑国，郑已经知道要亡。如果灭掉郑国对您有利，那就没话说了。但是越过别国，以别人的土地当作自己的国境，那是很难的。您这么做，等于是灭掉郑国来增加晋国的土地，晋国扩大了，您就削弱了啊！"果然秦穆公面色一变，心想自己从未考虑过这点。

烛之武察言观色，接着说："如果您不攻打郑国，而以郑作为东方的盟友，只要贵国有使者来，郑可以供应所缺，对您没有害处啊！而且您曾经对晋文公有恩，晋君承诺要给您焦、瑕二地作为报答，但他早上才渡过黄河回国，晚上就修筑防御工事防备秦军，这是您早就知道的。晋哪里会满足呢？既在东边的郑国开拓疆域，又想在西边扩展领土，未来如果不侵犯秦国，那要到哪里取得土地呢？恐怕是晋君有意要削弱秦国才攻打郑，请您多加考虑。"

秦穆公觉得很有道理，于是和郑国结盟，一起防卫晋国，解除了郑国的危机。

诗佳老师说

烛之武对秦穆公说的话，是利用秦、晋两大强国之间的矛盾，分化两国的合作关系。秦、晋既合作联合攻郑，又存在着竞争和潜在的敌对关系，烛之武便见缝插针，从两国过去的恩怨切入：第一，指出晋国曾对秦穆公失信，有不良记录；第二，联合攻郑所为何来？是晋文公为报私仇及企图吞并郑国，但晋国距离郑国近而离秦国远，秦国耗费兵马攻郑，只是为他人作嫁衣而已，自己得不到利益，却便宜了晋。果然秦穆公退出。烛之武处处为秦穆公设想，因而能打动穆公的心。

【漫画经典】

微夫人之力不及此。因人之力而敝[1]之，不仁。

——《左传·烛之武退秦师》

　　假如没有别人的力量，我不会有今天的成就，依靠别人又反过来害他，这是不仁义的。比如说自己过了河，便把帮助自己过河的桥拆掉，达到目的之后，就把曾经帮助自己的人一脚踢开，这都不符合道义。相关词是"过河拆桥"。

1　敝：毁坏。

❷ 退避三舍的用心

（春秋·左丘明《左传·退避三舍》）

【经典故事】

公元前633年，晋国友邦宋国的都城商丘，被楚军团团包围，几乎沦陷。晋国为了救宋，又想趁机实现霸业，不得不拉拢了齐、秦等国，与楚国兵戎相见。

晋文公重耳坐在军帐内，看着参谋与将士们各个精神饱满、自信十足的神气，己军兵强马壮，胜券在握，也感到意气风发，不禁想起那些年颠沛流离的生活……

"父亲听信骊姬[1]的谗言，想改立奚齐为太子，还将太子申生杀了，听说又要派人捉拿你我二人，"公子重耳对弟弟夷吾说："我们各自奔逃吧！迟了就来不及了！"于是兄弟就此分道扬镳，若干年后，夷吾先回到晋国，是为晋惠公。

---

1 骊姬：lí jī，春秋时晋献公的夫人。晋献公攻打骊戎时，获骊姬，立为夫人，生子奚齐。

重耳逃出晋国，到过翟地、齐国、曹国、宋国、郑国，或是接受冷落、或是受到礼遇。接着就来到了楚国，楚成王认为重耳日后必定大有作为，就以接待贵宾的礼仪迎接他，还招待他住在楚国。

这一天，楚成王设宴招待重耳。宴会里歌舞喧天，美女如云，楚王与重耳饮酒谈天，觥筹交错[1]之间，气氛融洽。楚成王喝到酒酣耳热[2]时，忽然半开玩笑地问重耳："如果有一天，公子回晋国即位，该怎么报答我呢？"

重耳举起酒杯喝了口酒，思索一下便说："妖娆[3]的美女、忠心的侍从、珍贵的宝物与丝绸，大王都有了；世间难见的珍禽羽毛、象牙兽皮，更是贵国的特产。那些会流散到晋国的物事，都是您不要的，晋国哪有什么珍奇物品可献给大王呢？"重耳将楚成王褒扬了一番。

楚成王仰头大笑："公子太谦虚了！话虽这么说，可总该对我有所表示吧？"他挥挥手，命令乐工暂时将音乐停下来，气氛变得有点凝重。

重耳微笑说："要是托您的福，真的回国当政的话，我

1　觥筹交错：觥筹，gōng chóu，酒器和酒筹错杂相交，比喻畅饮。

2　酒酣耳热：酣，hān，畅饮。形容喝酒意兴正浓的畅快情态。

3　妖娆：美丽而轻佻的样子。

愿意与贵国友好。但如果晋、楚之间发生战争，双方的军队即将交锋，我一定命令军队先退后九十里路，礼让您的军队；如果还不能得到您的原谅，坚持交战，我只好左手拿着马鞭和弓梢，右边挂着箭袋和弓套，与您较量一番了。"

楚成王听了，感到很惊异，左右大臣对重耳的言论，则是反感至极。然而楚成王仅是哈哈大笑，并不生气，挥手命令乐工继续演奏，再度举起酒杯与重耳吃喝谈笑，当晚宾主尽欢。

曲终人散[1]后，楚国大夫子玉急忙去见楚成王，劝道："大王，重耳这么狂妄，如果留下他，恐怕会像养一头老虎，将来会作乱的！不如趁机除掉他。"语气老练狠辣。

楚成王神态自如地说："晋公子志向远大而生活俭朴，言辞文雅而合乎礼仪，他的随从态度恭敬而待人宽厚，忠心尽力。现在的晋惠公夷吾，身边没有亲信，国内外的人都憎恨他。看来姬姓这族，要靠重耳来振兴了。老天要他崛起，谁又能铲除他呢？逆天而行必会遭到大祸，此事不必再提。"

子玉行礼告退而去，心中对大王的识人之明与气度佩服不已。后来，楚成王就派人将重耳送去秦国。秦穆公热烈地接待重耳，四年后，就将重耳护送回晋国。此时晋国由夷吾之子晋怀公执政，怀公的施政受到人民反对，最后被迫

1　曲终人散：比喻场面热闹后趋于冷清。

出奔。

重耳终于回到晋国，即位为晋文公。他在诸侯当中威信很高，在他的执政下，晋国日益强大，并与楚、秦等曾经帮助过他的国家，维持良好的往来……

晋文公坐在军帐内，低头沉思："然而这是不够的，我想像齐桓公那样，做中原的霸主！"他想到楚成王待自己的恩义及当时的诺言，于是发布了一道命令："我军后退九十里，驻扎在城濮。"

楚军见晋军拔营后退，以为对方害怕了，马上追击。晋军却利用楚军骄傲轻敌的弱点，集中兵力，大破楚军，还把楚军留下的粮食吃了三天才回国，取得了城濮之战的胜利。

诗佳老师说

故事表现出楚成王的远见与晋文公的雄才大略。表面上是晋文公讲究诚信，"退避三舍"有回报楚成王的意义，为晋文公博得美名；实际上就战略的观点来看，"以退为进"正是战术的运用，指表面上退却，其实准备进攻的一种策略。这种作法的优点在于可以让对手卸下过高的防备心，手法就是"假装示弱"，除非对手十分谨慎，否则往往躁进，而容易掉入陷阱。

晋、楚治兵，遇于中原，其避君三舍。

——《左传·退避三舍》

　　晋国和楚国交战，双方军队交锋，就让晋军退避九十里地。古时行军计程以三十里为一"舍"，晋文公退让九十里，也就是三舍。比喻遇到实力很强的对手，为避免正面冲突折损太多，便主动让步，不与人争。相关词是"退避三舍"。

❸ 多行不义的后果

（春秋·左丘明《左传·郑伯克段于鄢》）

【经典故事】

身为父母亲的如果偏心，很可能为子女带来莫大的灾害。

周朝末年，郑武公娶了申国的女子武姜，生下庄公和共叔段，但因为武姜偏爱小儿子，最终造成兄弟相残的悲剧。

庄公出生时胎位不正，造成难产，使得母亲武姜的心中留下阴影，所以讨厌这个大儿子，还给庄公取名为"寤生"，意思就是"脚先出生"。武姜讨厌长子，却很偏爱小儿子共叔段，当庄公和共叔段长大后，她便希望立共叔段为太子，可是每次向武公请求都遭到拒绝。

等到武公过世，庄公即位了，武姜就请求大儿子，希望能把共叔段封在"制"这个地方。

庄公委婉地回应母亲："制是形势险峻的地方，从前虢叔就是死在那里，很不吉利，要是别的地方我一定从命。"其实庄公是为了防范共叔段造反，所以不能将这么好的地方给他。

武姜又请求封共叔段在"京"地，庄公就答应了，还称共叔段为"京城太叔"，意思是庄公的第一个弟弟，这称号让母亲和弟弟极有面子。

然而这么做实在不符合君臣的礼节，大夫祭仲便忧虑地劝庄公说："都城的城墙太高，就容易抗命，将会给国家带来祸害。所以大城的城墙，不会超过国都的三分之一；中等的，不超过五分之一；小的，也不超过九分之一。现在京地已经不合乎规矩了，您将会有困扰的啊！"

庄公扬了扬眉，说道："这是姜氏要求的，我哪有办法呢？"背着武姜，庄公连"母亲"的称呼都省了，直呼"姜氏"。

祭仲想要再试探庄公的心意，就劝道："姜氏贪婪，不如早一点处置，不要让太叔继续扩张土地，万一蔓延就难处理了。野草尚难铲除，何况是君王的弟弟呢？"

没想到庄公哈哈笑道："做了太多不义的事，必定自取灭亡。你等着看吧！"祭仲哪里知道庄公故意不处理，其实正是为了等共叔段犯错，然后藉此除掉他。

果然过不久，共叔段就命令西鄙、北鄙两地听他管辖，逐渐僭越¹体制，似乎以国君自居了。

大夫公子吕看不下去，就对庄公说："国家不容许有两个君王，您打算怎么办呢？如果您想把国家交给太叔，那么臣就去侍奉他；如果不是，就请把他除掉，不要让民心背离。"庄公摆一摆手说："不必，他将会自寻死路的。"

后来共叔段更把西鄙、北鄙据为己有，领土更扩大了。

公子吕急了，又对庄公劝道："可以讨伐了！再让太叔扩张势力，追随他的民众会越来越多的。"

然而庄公却一点都不担心地说："他对国君不义，对兄长不亲，想造反也没有正当性，势力虽大，仍然不能团结众人的。"

接着，共叔段便开始修城郭、聚粮食、修补武器，准备战士、战车，想偷袭郑国的都城，据说国母武姜已准备开城门作内应。

当庄公得知共叔段进兵的日期时，就点点头说："时机到了。"于是命令子封率领两百辆战车讨伐京地。结果连京地的人民都反对共叔段，不肯听命造反，共叔段只好落荒而逃。

1　僭越：僭，jiàn，假冒名义，超越本分。

人倘若仗着自己的权势，而不顾应有的道德，久而久之就会因为做了太多不义的事，遭遇自取灭亡的下场。

诗佳老师说

郑庄公是个深谋远虑、有才干的政治人物，也是个虚伪的统治者，他明知母亲和弟弟的计谋却不加劝阻，反而故意放纵，让共叔段掉入陷阱，藉机消灭势力。常人养虎贻患[1]会害到自己，庄公却是为了杀掉这只老虎而养老虎，因为兄弟相杀不祥，他也不愿背负人伦恶名，只有养大了老虎才能师出有名。历史上说庄公先冷落母亲，然后表示思念，母子最后"握手言和"，其实庄公表示思念母亲，只不过是为了蒙蔽国人罢了；而武姜为了生存，也只能装作宽容的慈母，二人便心照不宣地言"和"了。

---

1 养虎贻患：比喻不去除仇敌，将给自己留下后患。

【漫画经典】

> 多行不义必自毙。
>
> ——《左传·郑伯克段于鄢》
>
> 　　人如果做了太多不义的事，自然会遭遇自取灭亡的下场。自古以来人们崇尚道义，鄙视背信弃义的小人，是普世价值。从信仰的角度看，行善是累积的，行恶也是，又有报应的说法，认为天道必定会赏善罚恶。相关词"咎由自取[1]"。

1　咎由自取：所有的责难、灾祸都是自己找来的。有自作自受之意。

❹ 是谁杀了国君？

（春秋·左丘明《左传·赵盾弑其君》）

【经典故事】

晋国大臣赵盾和平常一样，与其他大夫在议政殿等待早朝。

这时天还没亮，昏暗中，赵盾仿佛看见几个宫女偷偷摸摸地推着车，从殿前经过。忽然他瞥见车上的畚箕垂下了一只人手，连忙叫住宫女盘问，才知道昨晚的熊掌没炖烂，晋灵公大怒，竟命人将厨师宰了，然后将尸体载去扔掉。

赵盾惊骇不已，心想："大王荒淫无道，做出许多残忍的事，不但向百姓征收重税装潢宫墙，还幼稚地在高台上用弹弓射人，现在更滥杀无辜，如何是好？"

大臣士季先去劝灵公。灵公见了他，立刻就说："我知错了，将会改正。"士季高兴地行礼说道："人人都会犯错，您知错而能改，真是太好的事啊！"但灵公只是嘴上说说罢了，依然我行我素，继续做出许多残忍的事。

赵盾很心急，认为委婉的劝说无效，就用强硬的话劝谏。这使灵公非常反感，私下派出刺客鉏麑[1]刺杀赵盾。

鉏麑趁着昏暗的清晨，到赵盾家执行任务。此刻赵家人还在沉睡，唯独赵盾的房门开着，从门缝微微透出光亮来。向屋里张望，只见赵盾已经穿戴整齐准备上朝，可是时辰还没到，就先坐在椅子上打盹。

鉏麑叹着气，心道："此人不忘恭敬，又能勤政，是百姓的福气。杀了他是不忠，不服从国君的命令是没有信用。不论哪一样，我都没有脸活在世上了。"于是一头撞死在赵家的槐树下。

灵公仍不死心，处心积虑地安排了筵席，赐赵盾酒喝，暗地里却派人刺杀他。赵盾的武士提弥明察觉了，立即上前扶着赵盾离开。

灵公又叫獒犬出来攻击他们，提弥明非常神勇，徒手就把獒犬打死了，但双拳终难敌众多的恶犬，最后还是殉难了。

就在赵盾失去保护、独自奋力搏斗之际，突然追兵中有位身手矫健的士兵，反过来替赵盾抵挡攻击，助他脱身。赵盾

1　鉏麑：chú ní，人名。

问士兵为什么倒戈[1]相助？士兵神色激动地说："您记得吗？我就是那个饿倒在桑树底下被您搭救的人。"

这话唤起赵盾遥远的记忆，赵盾记起某天出外打猎时，在桑树下过夜，遇到过一个饥饿倒地的人，名叫灵辄。赵盾送食物给他，他却只吃一半，原来是为了省下来给母亲吃。赵盾便要他吃完，另外准备整筐的饭和肉给他带走。这份恩情，灵辄一直铭记在心。

赵盾很感谢灵辄的相助，赶紧询问他的名字和住处，可是灵辄一句话也不说就走了。于是赵盾开始逃亡。没多久，宫内传来赵盾的堂弟赵穿刺杀灵公的消息，当时赵盾还没逃出国境，听说灵公已死，就马上赶回来。

史官董狐于是写道："赵盾弑杀了他的国君。"并且拿到朝廷上公布。

赵盾知道后极力辩解。董狐却冷冷地说："您是国家大臣，明知将受到严厉的处置，逃亡时竟然不逃出国境；返回时也不声讨弑君的赵穿，岂不可疑？若不是您杀害国君畏罪潜逃，又会是谁呢？"后来赵盾果然不顾争议地重用赵穿。

董狐冷眼旁观这一切，继续对着烛火书写历史，诚实地将人们的是非功过记载下来，好留待后人评说。

---

1 倒戈：军队背叛，反戈相向。

赵盾逃亡，还没逃离国家，就传出灵公被赵穿刺杀身亡的消息，于是连忙赶回来。史官董狐记载此事时写道："赵盾弑其君。"赵盾当然要抗议，说人不是他杀的，是赵穿杀的。董狐就冷冷地回应："既然要逃亡，为何不逃出国境？返回以后，为何不声讨弑君的赵穿？所以人是你杀的。"许多人读这段历史，以为董狐不分青红皂白乱写，事实上，后来赵盾非但没有声讨赵穿，还不顾争议地重用赵穿，加上两人是兄弟，瓜田李下[1]，人是谁杀的似乎就呼之欲出了。

【漫画经典】

1　瓜田李下：比喻容易引起怀疑的场合。

人谁无过，过而能改，善莫大焉。

——《左传·赵盾弑其君》

　　人生在世谁没有过错？有过错而能改正，没有什么比这更好的事。因为每个人的智慧局限及人性的弱点，要让人认识、承认自己的缺点，并且改正，不是件容易的事，但聪明的人会记取错误经验，自我反省。相关词"知过能改"。

❺ 信任的真谛

（春秋·左丘明《左传·周郑交质》）

【经典故事】

很多年以前，有位智者将这段历史写了下来，告诉我们信任的真谛：

在一个寂寞的黄昏，无边无涯的旅途中，周平王的儿子"狐"只带着几个随从，就匆匆忙忙地上路，往郑国的方向前进。

一路上，狐的心情是复杂的，他忍住不平与埋怨，无奈地想："今天这一去，恐怕再也没有回国的机会了。"

狐怎么也想不到，父亲是以什么心态命亲骨肉到郑国作人质[1]的？

在古代，人质政治时常用在两国结盟时，因为口头约定往往没有什么用处，于是就有了"人质"的产生，将国家命运

---

1 人质：为了取信于对方而作为抵押，或为对方所拘留的人。

和皇家骨肉的命运连在一起。最直接的办法，就是将皇子送到盟国当人质，作为许诺的保证。

王子狐就是在这种国家角力之下的抵押品。

时光回到了隐公三年，郑武公、庄公父子相继担任周平王的执政大臣，相当于宰相的位置，位高权重，显赫无比。这点让周平王非常不安，深怕郑君父子坐大，因此想了一个让权力分散的法子。

周平王命令虢公参与执政，偶尔也将政权分给虢公。这么一来，郑庄公自然坐卧不安，气得跳脚了，因为他父子俩独享大权多年，怎么能平白地让虢公分享？因此十分怨恨。

周平王当然对郑庄公的埋怨略有耳闻，心里也着实忌惮[1]庄公，为了安抚他，便来跟庄公交心，说："没有这回事！我哪有重用虢公？那纯粹是别有用心的人制造谣言。这样吧！我把我的儿子狐与你的儿子忽交换，作为人质，以表达我对你的信任和倚重，不就没事了吗？"郑庄公就答应了。

于是周、郑两国交换人质，周王室的王子狐到郑国做人质，而郑国的公子忽到周王室做人质。

没想到世事多变化，周平王不久就逝世了，王室打算将执政大权托付给虢公。郑庄公听说后，非常不满，就派遣大夫

1　忌惮：有所畏惧而不敢妄为。

祭足带兵到周的国土，割取了温地的麦子；到了秋天，又去收割成周一带的谷子，简直是明目张胆地侵犯周天子的领土。此后，周王室和郑国就结下了仇恨。

写到这里，智者长叹一声放下了笔，说道："如果不能发自内心诚意的交往，就算交换人质也无济于事啊！如果双方能互相谅解的行事，再用礼仪彼此约束，虽然没有人质，又有谁能离间他们？有诚信的君子，按照礼仪行事，又何需人质呢？唉，这些人实在不懂信任的真谛啊！"

诗佳老师说

《左传》把周、郑称为"二国"，就暗含讥讽之意。周是天子，郑是诸侯，天子和诸侯的地位有分高下，并称周、郑"二国"于礼不合，反映了当时的政治现实。周天子自东迁后，军权、政权已经大不如前，如果遇到外敌，就需要由郑国出兵保护，依赖久了，天子对郑庄公怀有戒心，想将郑的权力分散，就用谎言敷衍，自降身分与郑庄公交换人质，以表示互信，失去了天子的尊严。周平王身为当权者没有实力，不能服人，下面的诸侯就会作乱，天下因而大乱。

信不由中，质无益也。

——《左传·周郑交质》

　　信用如果不是发自心中，交换人质也没用。守信是人的美好品质，人际的最高境界，就是追求真诚的信任，只是理想与实际是有差距的，因此要订立合约、交换人质以约束信用，这也突显了双方不信任的程度。相关词"信守不渝[1]"。

1　信守不渝：坚持守信而不改变。

❻ 没有嘴唇，牙齿就会受寒

（春秋·左丘明《左传·宫之奇谏假道》）

【经典故事】

虞国与虢国相邻，所以晋国打算借虞的路进兵去灭掉虢。

虞国大夫宫之奇看出晋国其实是要顺路吞并虞，好将虞、虢一举并吞，就向虞公苦谏，想让君王注意这件事。

宫之奇忧心地说："虢国是我们的邻国，又是我们的屏障，一旦虢国灭亡，我们必定跟着灭亡。晋国向我们借路攻打虢，是不怀好意啊！我们不能引起晋的野心，对侵略者的行为更不能忽视。上次借路已经过分了，怎能再借第二次呢？俗语说：'辅车相依，唇亡齿寒。'人的嘴唇和牙齿互相依靠，虞和虢的关系也是如此啊！"

虞公摇头不信，反驳道："晋国的国君是我的同姓兄弟，难道会害我吗？"

宫之奇着急地说："国与国之间只有利害，没有情义。虢的祖先虢仲、虢叔在宗族关系上，比虞更接近晋国，可是晋国的历代君王都是六亲不认的，现在他们准备灭掉虢国了，对于宗族关系较远的我们，又怎么会爱惜呢？只要对晋侯造成威胁，就算是亲族也要杀害，何况是为了扩张领土的利益呢！"宫之奇一语道破虞公的迂腐和不切实际。

面对宫之奇的苦口婆心，虞公仍旧顽固而有自信地说："我用来祭祀的物品丰盛洁净，神明必定会保佑我的！"

宫之奇听虞公如此昏庸，不禁有气，却还是竭力劝道："如果晋国灭掉虞，是不会有什么后患的。听说鬼神不亲近每个人，只亲近有德行的人，所以《周书》说道：'上天对人不分亲疏远近，只有德行完美的人才能得到老天的帮助。'又说：'祭品都差不多，只有品德高的人提供的祭品，才是真正的祭品。'如果没有德行，人民就不会和睦，神明也不会享用祭品。所以，神明在意和保佑的只是德行。"

虞公沉默不语。

宫之奇接着说："如果晋国吞并了我们，然后开始弘扬美德，进献芳香的祭品给神明，神明难道还会把祭品吐出来吗？自然是笑纳接受了。所以就算晋国灭掉我国，神明仍然会保佑他们的。"

宫之奇这番话说得句句是理，可惜顽固的虞公不听劝谏，还是答应晋国借道路攻打虢国了。

于是宫之奇连忙带着家人仓皇地逃离虞国，他说："虞国不但过不了年终的腊月，也没有机会祭拜神明了！这次虞国必定会被晋国消灭，晋国连再次调集军队攻打虞国，都不必费事了。"

果然那年的冬天，晋国成功地灭了虢国，在班师回晋的路途中，借住虞国，又趁机侵占虞，同时也捉住了虞公。

诗佳老师说

认知错误将造成严重的误判，虞公犯了两项错误：第一，以为自己和晋侯同姓"姬"，祖先有血缘关系，就认为彼此应以诚相待，但晋侯连更亲的同祖兄弟虢都能诛杀，何况是远亲的虞？第二，虞公认为自己虔诚，神明一定会保佑，但如果君王无所作为又引狼入室，鬼神该从何保佑呢？相邻的小国应该团结起来抵御外侮，虞公反而助晋灭虢，使自己落单，虞国灭亡不是没有原因的。

【漫画经典】

辅车相依，唇亡齿寒。

——《左传·宫之奇谏假道》

辅[1]在外，车在内，互相依靠，就如同没有嘴唇，牙齿就会受寒。俗语说："团结就是力量。"若不团结，任何力量都是弱小的。当个人或国家处于弱势，联合他人或他国的力量才能克服困难，成就大事业。相关词是"唇齿相依"。

---

1 辅：fǔ，车两旁的夹木。

❼ 子鱼论作战

（春秋·左丘明《左传·子鱼论战》）

【经典故事】

公元前638年，宋、楚两国为了争夺中原的霸权，在泓水边发生战争。当时郑国与楚国互为盟友，宋襄公为了削弱楚国的力量，出兵攻打郑国。楚国也立刻出兵援救，于是爆发了这场战争……

虽然楚强宋弱，但宋襄公准备应战了。

宋国的大司马子鱼竭力地劝谏："上天抛弃商朝已经很久了，您想要振兴商朝，那是不可能的事，还是放过他们吧！"可是宋襄公是个野心勃勃的君主，听不进子鱼的话。

宋和楚在泓水交战。宋军已经先到了一步排好阵势，人人手执兵器镇定的等待敌军；楚军却队伍凌乱，并没有全部渡过泓水。

大司马子鱼看见这情形，便高兴地建议宋襄公："两军相比，楚军人多，我军人少，在敌强我弱的状况下，应趁他们还没有全部渡过泓水，下令攻击！"然而宋襄公伸手阻止，说："不可以这样做，这是趁人之危。"

终于楚军的兵马一个个登陆了，摇旗呐喊，气势渐大，直到全部渡过泓水，但还没摆好阵势。子鱼急得满头大汗，苦劝襄公："趁着楚军的气势还没凝聚，该下令攻击了！"宋襄公却摇头说："还不可以。"子鱼心里非常焦急。

就在说话间，楚军终于摆好阵势，宋襄公才下令击鼓进攻，楚军如排山倒海般杀来，宋军几乎被酷烈的杀伐之声淹没，大败而逃。宋襄公在混战中被毒箭射中，大腿受伤，连左右的护卫也都阵亡了。

众人护送襄公狼狈的向西北退去，拼命逃跑，好不容易才得以逃脱，直到离战场远了，才让随军太医为襄公拔出箭来，把伤药敷上。

泓水之战楚国大胜，宋国全国上下都怪罪宋襄公。

襄公卧在床上，双颊深陷，毒气已经深入骨髓，却还是说："君子不会杀害受伤的敌人，不会俘虏白发苍苍的老人。古人用兵时，也不会藉着险隘[1]的地形阻挡敌人。我不愿意对还没排好阵势的敌人攻击，那是小人的行为。"

1　险隘：隘，ài，险绝重要之地。

子鱼叹着气说："唉，仁慈的您不了解战争啊！强大的敌人在险地来不及布阵，那是天助我们，这时候袭击他们，有什么不可以？何况还不见得能获胜。姑且不论跟我们作战的是敌人，即使是七八十岁头发全白的老头子，我们也要抓起来杀掉，何况只是头发斑白的人呢？"襄公默然不语。

子鱼又道："我们鼓励士气的目的，就是要消灭敌人！为什么不能杀死受伤、但还没死的敌人呢？若是不忍心杀害受伤的敌人，那干脆不要伤他；若是不忍心俘虏头发斑白的敌人，那不如投降。军队是为了打胜仗而发动的，铙¹鼓是用来振奋士气的。既然如此，那么利用险隘的地方与敌人对抗，攻击尚未摆好阵势的敌人，当然可以啊！"

宋襄公缓缓地睁开眼来，对着子鱼和满屋子的大臣、嫔妃瞧了瞧，痛悔地说："我本来以纣王为戒，对人讲仁义，想要做出一番大事业，可惜我没能做到。"他叹了口气，眼角滚出泪来。

次年，宋襄公便因为重伤不治逝世，由儿子宋成公继位。

---

1 铙：náo，青铜制，形似铃无舌，体短而阔，有中空的短柄可安木把。

诗佳老师说

"对敌人仁慈，就是对自己残忍"，这是子鱼想告诉宋襄公的。战争开始时，形势对宋军有利，可是襄公死抱着"君子不乘人之危"的迂腐教条不放，危急之际对敌人大讲仁义，拒绝接受子鱼的意见，以致错失时机，惨遭失败。子鱼对战争的观点和襄公的迂腐，形成强烈对比，子鱼主张抓住先机，攻其不备，先发制人，彻底消灭敌人，在战争中弱势的一方才有可能夺取胜利；襄公虽有野心，却固守古老的用兵法则，必然会走向失败的结局。

【漫画经典】

先发制人，后发制于人。

——东汉·班固《汉书·项籍传》

指战争中的双方，先采取行动的往往处于主动地位，可以制伏对方。通俗的说法就是"先下手为强，后下手遭殃"的意思。但是"先下手"也未必能得胜，重要的是要有洞察力，才能准确地判断行动的时机。相关词是"先声夺人[1]"。

---

1 先声夺人：比喻抢先以声势压倒别人。

❽ 一鼓作气的奥妙

（春秋·左丘明《左传·曹刿论战》）

【经典故事】

鲁庄公十年的春天，一点也不平静，齐国派出强大的兵马攻打鲁国，鲁庄公准备迎战。这场战争，使得温暖的春天充满了肃杀之气。

鲁国的军事家曹刿[1]听到消息，就请求进见庄公，希望能贡献自己的才能。亲友们疑惑地问他："打仗的事，自然有那些大夫以上的人谋划，你又何必淌这种浑水呢？"

曹刿哈哈一笑，说："那些人很浅薄，不能深谋远虑的。"于是进宫去了。

庄公听说曹刿来了，亲切地接见他。一见面，曹刿劈头便问："敢问您凭什么要百姓支持这场战争？"庄公毫不犹豫地说："有舒适的衣服，我不敢独享，一定会分给百姓，将财

1　刿：guì。

富与民共享。"曹刿却皱眉道："这种小恩惠无法分给所有人，老百姓不会跟从您的。"

庄公又说："我也不敢擅自增加祭祀用的牛羊和玉帛，一定会诚实地献给神明。"曹刿摇摇头，道："这种小诚实也无法取得神的信任，神不会降福的。"

庄公略思索了一下，又说："所有的官司案件，虽然不能全部明察，但一定会按照情理去处置。"曹刿才高兴地说："这的确是为百姓尽心尽力啊！我军可以一战了。出战时，请让我跟随您吧！"庄公答应了。

到了齐、鲁两军准备交战的时刻，庄公和曹刿共乘一辆车，在长勺这个地方和齐军对峙。庄公准备击鼓进军时，曹刿却伸手阻挡说："还不行。"庄公感到奇怪，但还是听从曹刿的话止住不发。

等齐军击了三次鼓之后，曹刿才点头说："可以开战了。"于是庄公下令击鼓发动攻击。

两军交战，鲁军气势如虹，齐军果然战败，分头迅速逃窜。庄公见状心喜，打算乘胜追击，曹刿却阻止说："时机还没到。"只见他忽然跳下车，来回地检查齐军的车轮痕迹，又登上车前的横木瞭望齐军，看了一会儿才说："可以追击了！"在鲁军的追击下，齐军终于被彻底击败。

战争结束后，鲁庄公忍不住问曹刿："为何三番两次阻止我发兵呢？"

曹刿微笑着说："作战，靠的是士兵的勇气。第一次击鼓时，士气最振作；第二次击鼓的声响，就会比前次衰退了；等到第三次击鼓，士兵的勇气就会消失殆尽。我们等齐军击完战鼓，当他们士气竭尽时，却是我军最振奋的时候，所以很容易就打败齐军了。"

庄公点点头，沉思个中奥妙。

曹刿继续说："至于我为什么不让您乘胜追击？那是因为大国的实力很难预测，我担心齐军诈败，在路上设置埋伏突袭我军，所以下车查看齐军的车轮，发现车轮痕迹混乱；再登高远望，又看见敌军的旌旗东倒西歪的，一副只顾逃命的样子，不像是做假，才有十足的把握下令追击。这场战争就是这么得胜的。"

庄公听完曹刿论战后，终于恍然大悟，忍不住哈哈大笑起来，对曹刿的军事才能佩服不已。

诗佳老师说

　　故事是讲曹刿作战的道理，重点不是在描述战争的情况，而是在强调曹刿的"战术"，因此详细的描述了曹刿与庄公的对话。通过曹刿对战争的论述，以及弱国战胜强国的史实，表现曹刿卓越的政治和军事才能，说明在战争中，只有获得人民支持和运用正确的战术，才能取得胜利。技巧上，又将曹刿和庄公对比，突显曹刿的远见和庄公的短浅，但是庄公能够做到虚心求教，也是难能可贵的，展现出君王的气度。

【漫画经典】

夫战，勇气也。一鼓作气，再而衰，三而竭。

——《左传·曹刿论战》

打仗是靠勇气。第一次击鼓，能振作士气；第二次击鼓，士气就减弱了；第三次击鼓，士气就会消耗殆尽。所以在第一次发动时，就要力求精准、有力，务求达成目的，因为越到后面的气势越弱，不利于成事。相关词"一气呵成[1]"。

---

1 一气呵成：一口气完成。比喻文章或绘画的气势流畅，首尾贯通；或工作安排紧凑、不间断。

❾ 介之推的风骨

（春秋·左秋明《左传·介之推不言禄》）

【经典故事】

有句话说："介之推不言禄，禄亦弗及。"介之推从来不要求赏赐，赏赐便也轮不到他。怎么会这样？论功行赏，不是天经地义的事吗？

话说在晋献公时，宫廷发生内乱，公子重耳被迫害出逃，逃亡的途中没有食物可吃，饥肠辘辘的重耳只好吃野菜充饥，尊贵的公子怎咽得下野菜呢？在旁的介之推就割下大腿的一块肉，煮成汤，端给重耳喝。

重耳赞美汤的味道，后来发现介之推走路一拐一拐的，追问之下才明白真相，这件事令重耳感动不已，对介之推承诺："等我回国后，必定重赏你。"

若干年后，重耳回到晋国，平定了叛乱，成为有名的晋文公。意气风发的文公，对追随他的臣子论功行赏，却唯独忘记了介之推。

介之推便对老母亲说："献公有九个儿子，现在只有君王还在。君王的弟弟夷吾和夷吾的儿子没有亲信，国内外都抛弃他们。老天不想灭晋，所以安排文公成为君王。现在掌管国家的人，不正是文公吗？这是天意。那些跟随君王逃亡的人，却认为是自己的功劳，这不是欺骗吗？偷窃钱财叫做盗窃，更何况抢了老天的功劳！臣子把罪过当做正当，国君又赏赐这群小人，上下互相欺瞒，我实在很难和他们相处共事！"

说罢，介之推的心里不禁有气，并不是因为没有得到封赏，而是对污浊的政治感到气愤。

母亲忧虑地说："你为什么不去要求赏赐呢？这样贫穷的死去，又能埋怨谁？"因为担心爱子，老母亲脸上的皱纹似乎更加深了。

介之推神情严肃，慨然说道："我责备这种行为而自己又去做，是罪加一等。况且我已经说出埋怨的话，以后更不能拿君王的俸禄了。"

母亲仍然不放弃，柔声劝说："你就让君王知道这些想法，好吗？"

介之推摇摇头，坚定地回答："言语，只是人的装饰。我就要隐居了，还要装饰做什么？这样等于是向他们乞求显贵，我不愿意。"介之推表现出读书人的傲骨。

母亲知道儿子为人正直，只好叹气："你真的能够隐居起来吗？那么娘就和你一起隐居吧！"于是，介之推便带着老母亲归隐山林，躲进了绵山。

有人为介之推抱不平，作诗讽刺晋文公忘恩负义，诗歌在大街小巷流传开来，很快就传到文公耳中。文公有些愠怒[1]，但为了弥补过错，便亲自带着大臣前往绵山迎介之推出山，介之推却躲在山中不愿出来。

赵衰[2]、狐偃[3]等人非常嫉妒介之推，便建议文公："只要烧掉三面的山，留下逃生的路，介之推为了救母亲必定下山。"

糊涂的晋文公答应了。赵衰、狐偃却将山的四面都烧掉，等火熄灭后，文公派人上山，才发现介之推与母亲抱着一棵大树，早已经被火烧死。全国哀悼介之推的死，于是文公定这天为寒食节[4]。

---

1 愠怒：愠，yùn，怨恨、生气。

2 赵衰：字子余，春秋时晋国大夫，从重耳流亡在外十九年，辅佐文公定霸业。或称为"赵成子"。

3 狐偃：字子犯，为晋文公舅舅，亦称为"舅犯"，跟从重耳文公流亡在外十九年，文公归国，就以偃为大夫，言听计从，最后辅佐文公平定周室之乱而成霸业。

4 寒食节：每年冬至后一百零五日，约在清明节前一二日，在这天禁火吃冷食。

　　介之推认为晋文公能够重新夺回政权，是天命的体现，那些大夫却将老天的功劳据为己有，是贪婪的表现，等于是犯罪，但晋文公却不以此为奸，还给予赏赐，这就成了上下蒙蔽，介之推不屑同流合污，因此决定归隐山林。再从另一个角度看，介之推是言行一致的君子，晋文公是政客，先前忘记行赏与之后愚蠢烧山的决定，也可能源自"忌才"的心态，天下人写诗讽刺晋文公，晋文公岂有不怒？烧山恐怕才是真意，有的国君只能共患难而不能共安乐。

【漫画经典】

介之推不言禄，禄亦弗及。

——《左传·介之推不言禄》

　　介之推一向不夸耀自己的功劳，也不求赏赐，因此就没有得到应有的俸禄。意思是：如果我没有付出，那么我也不会接受别人赠给我的财物，这是君子的一种美德。正人君子，绝不拿昧着良心得来的钱。相关词是"无功不受禄"。

⑩ 王孙满用言词退敌

（春秋·左丘明《左传·王孙满对楚子》）

【经典故事】

楚庄王是楚成王的孙子，在位三年了，什么事也不管，整天不是醇酒美人，就是到山野之间打猎为戏。

大臣们纷纷劝告庄王，但是庄王并不想听他们唠叨，就干脆颁出一条禁令："谁敢劝谏国君，杀无赦。"吓得那些想要劝谏的人，都不敢再劝了。

大夫苏从按捺不住，有一天进宫对着庄王大哭。

庄王问："你这是在哭什么？"苏从一把鼻涕、一把眼泪地说："臣是哭自己就快死了，而楚国也快灭亡了。"庄王气得手指着苏从大骂："你是不是也想来啰唆？寡人下禁令，敢谏者死，看到了没有？你冒死来说话，不是太愚蠢了吗？"

苏从抹抹眼泪，说道："大王是万乘之君，享有千里之地，军马精强，诸侯都敬畏您，按四时贡献不绝，国家可享用万世。如今却沉溺在酒色、音乐，不理朝政，不亲贤才，恐怕国内外将有叛变发生，现在欢乐，日后就有灾难了。因为一时的欢乐，抛弃万世的基业，是您太愚蠢。臣的愚只不过杀身，死后还可与龙逢[1]、比干[2]等贤臣齐名；但大王的愚，连匹夫都及不上，岂不是愚到了极点？臣冒死直言，请大王赐我死罪。"说完伏地跪拜，痛哭流涕。

庄王霍地站起来，走下台阶，牵起苏从的手说："如果不是大夫的直言，寡人真要误了大事！"从此以后便远离美女，撤走音乐，用心革新政治，任用贤才，楚国便日益强盛起来。

后来，庄王更开疆拓土，讨伐陆浑的戎人。这天，楚军一路行军到雒[3]水边，就在周王室的境内摆开阵势示威，颇有与周天子一争雄雌的意味。

天子周定王得知楚军过境，感受到楚国的威胁，于是连忙派遣大夫王孙满到楚国的军营慰问，目的是探查庄王

1　龙逢：夏桀时期的大臣。因为夏桀昏庸暴虐，通宵达旦饮酒作乐。龙逢常常劝谏，夏桀说他妖言惑众，将他杀死。

2　比干：商纣王的叔父，与微子、箕子称殷之三仁。因劝谏纣王而被杀。

3　雒：luò。

的心意。

这时庄王已经不把天子放在眼里，当王孙满到了，庄王便掸了掸衣服上的灰尘，傲慢地问："寡人听说大禹治水后铸有九鼎，三代相传，是世间至宝。鼎就供在在周的都城洛阳，但不知鼎的大小轻重如何？"

王孙满不慌不忙地说道："鼎的大小、轻重是看君王的德行，而不在鼎本身。从前夏朝刚拥立明主时，工匠画出各种奇异的图象，用九州进贡的金属铸成九鼎，把这些图画都铸在鼎上，上头有各种事物，使百姓知道哪些是神，哪些是邪。所以百姓进入江河山林中，不会碰到像山精水怪、螭魅魍魉之类的恶物，因此百姓没有灾害，国家上下和谐，承受上天的庇佑。"

庄王听得出神。

王孙满又道："传到了夏朝以后，桀昏乱无德，被汤推翻，九鼎就给迁到了商朝，长达六百年。传到暴虐的纣，又被周给推翻，九鼎便迁到了周朝。君王的德行如果很好，鼎虽然小，也重得无法移走；君王昏庸，九鼎再大，也轻得容易迁移。上天再怎么降福给有德的人，总是有限的。"

庄王知道王孙满在嘲讽他，但又被这番话给说得心服口服，一时无言。他想到自己刚即位时种种荒唐的行径，不禁冒出了冷汗。

这时，王孙满忽然扬起头来坚定地说："鼎有固定安放的位置。周的国运虽然衰退，但天命却还没改变，因此九鼎的轻重，是不能询问的！"

庄王虽然口出狂言侮辱周室，但也看清楚称霸中原的时机尚未成熟，只好先退出周境了。

诗佳老师说

鼎是国家的重器，只会随改朝换代改变安放的所在，楚庄王对周使者"问鼎"，等于公然表示夺取政权的野心。故事加入庄王荒唐的过往，以突显"鼎"的意义。王孙满说："在德不在鼎。"又说："德之休明，虽小，重也。其奸回昏乱，虽大，轻也。"意思是：周天子有德，而你楚王无德，天子仍然是天命之所归，因此鼎也就不会变更主人，对照楚庄王过去昏乱逸乐的行径，就知道天命在周而不在楚。本故事为楚军撤退提供了另一种解释。

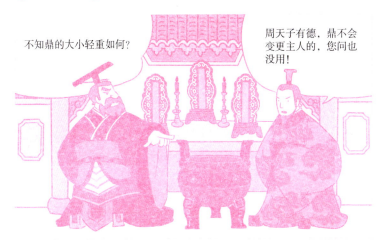

不知鼎的大小轻重如何？

周天子有德，鼎不会变更主人的，您问也没用！

周德虽衰，天命未改。鼎之轻重，未可问也。

——《左传·王孙满对楚子》

　　周朝国运虽然衰退，天命却还没有改变，因此九鼎的轻重是不能询问的。后来称争取最高荣誉、地位为"问鼎"。鼎最先是盛食的器具，再成为祭器、礼器，最后成为传国重器，楚王向周使王孙满问鼎，便有侵略之意。相关词是"问鼎天下"。

⑪ 勾践雪耻复国

（春秋·左丘明《国语·勾践复国》）

【经典故事】

越王勾践将头枕在冰冷的兵器上，坚硬的钢铁顶得头皮发疼，身子下的柴草堆发出沙沙的声响，又是一个失眠的夜晚，不是这刻意布置的床使他不能安睡，而是复国的大业尚未实现。

勾践坐起身来，舔着屋子里悬挂的苦胆，心道："你难道忘记会稽之耻了吗？"当时，他被吴国打得退守会稽山后，经过了彻底的反省，就向全军宣布："哪位能协助我击退吴国，我就请他和我共同管理国家政事。"

大夫文种上前进谏："一个国家就算没有外患，也该事先培养和选择有谋略的大臣及勇士。现在大王退守到会稽山才寻求人才，未免太晚了吧？"

勾践大为惊讶："能听到大夫的这番话，怎能算晚呢？"就握住文种的手，与他一起商量灭吴之事，不久就派文种到吴国求和。

文种对吴王夫差说："我们的军队，不值得您再来讨伐了，越王愿意把钱财及子女奉献给您，酬谢您的来临，还将率领国人编入贵国的军队，听您指挥。如果您不能原谅越王，坚持杀光我们，我们将烧毁宗庙，把妻儿绑起来，连钱财一起丢到江里，再带领剩下的五千人和贵国死战，结果不仅使越国遭到损失，岂不也影响您的仁慈？您情愿杀光越国的人，还是不费力气就得到越国？"

吴王很心动，打算接受文种的意见。大夫伍子胥却劝阻："不行！吴、越两国是世仇，这种势不两立的局面是无法改变的。希望您一举灭掉越国，如果放弃了，一定会后悔的！"吴王就拒绝了勾践。

勾践想到国家将亡，失望愤怒得想杀掉妻子、烧毁财物，和吴国决一死战。

文种却认为还没绝望，他洞悉吴王好大喜功、沉迷女色的弱点，建议进献美女以迷惑吴王。勾践采纳了建议，将八个美女送给吴国太宰嚭[1]，请他担任说客，再献上美女西施。吴王以为越国已经不具威胁，又看上西施的美色，于是便和越国

1　嚭：pǐ。

订立和约。

当吴军撤离以后，勾践就带着妻子和大夫范蠡[1]，到吴国伺候夫差。勾践自居奴隶，甚至在吴王生病时为他亲尝粪便，帮助医生诊断，最后终于骗得夫差的信任，三年后被释放回国。

勾践拿着苦胆瞧着、死盯着；他睡在柴草上，腰与肩膀隐隐作痛。每天，他都亲自下田耕作，夫人也亲手纺织，两手的指头都磨破了，就是想与百姓同甘共苦。全国都凝聚起向心力，纷纷请求："允许我们报仇吧！"勾践却认为准备的还不够，而辞谢了国人的好意。

又过了几年，国人再向勾践请求对吴国发兵。勾践答应了，他抛去苦胆，拾起床上的兵器，宣誓道："听说古代的贤君，不担心军队人数不足，却担心士兵不懂羞耻；现在吴王不担心他的士兵不懂羞耻，只担心人数不足。无耻就会失掉民心，我要协助上天灭掉吴国！"

于是越国上下互相勉励。勾践趁着吴王北上争霸，趁虚而入，攻入吴国的首都姑苏，杀掉吴太子，把吴军打得大败。吴王返国后，吓得派人求和："请允许我用财宝子女慰劳越王的来临吧！"

----

1 蠡：lǐ。

勾践断然拒绝，他说："先前上天把越国送给吴，吴却不接受，如今上天把吴送给越国，越国怎能不听从天命？"越军围困吴都三年后，终于占据了姑苏城，最后吴王被困在姑苏山自杀身亡。

诗佳老师说

公元前473年，越王勾践发动了秘密藏在民间的三万雄兵，一举将吴国首都姑苏城团团围住。此时吴王夫差还掌握了五万兵马，却因为粮草供给困难而不敢出城一战。夫差天真地想效仿二十年前勾践求和的方式，央求勾践接纳吴国人民。然而，此时的勾践并不是当年的夫差，他有当年夫差的雄心壮志，却没有夫差贪财好色的弱点，勾践深知，在生死存亡的面前，没有退让的余地。

【漫画经典】

名句经典

> 古之贤君，不患其众之不足也，而患其志行之少耻也。
>
> ——《国语·勾践复国》

　　古代贤能的国君，不担心军队人数不足，却担心军队士兵不懂羞耻。军队最重纪律，因为士兵们来自四面八方，各色人等都有，如果没有严明的管束和教养，军人不知羞耻，行为就会失序，无法服从指挥作战。相关词是"恬不知耻[1]"。

1　恬不知耻：犯了过错却安然不以为羞耻。

⑫ 勤奋方能成材

（春秋·左丘明《国语·敬姜论劳逸》）

【经典故事】

鲁国大夫文伯退朝回家拜见母亲敬姜，敬姜正在屋内纺织。

文伯皱眉对母亲说道："我这样的家世，还让您从事纺织的工作，怕会惹恼长官季孙，以为我没有能力事奉母亲吧！"

敬姜听了叹息地说："鲁国大概要亡了！叫小孩子做官，却不让他们听听做官的道理吗？坐下来，娘告诉你。"

文伯端坐静听母亲的教诲。

敬姜开口说道："圣明的先王治理百姓，故意选贫瘠的土地给他们住，是想锻炼百姓，并依靠他们的能力，才能长久地统一天下。百姓勤劳工作，就懂得思考，也就有善良的念头产生；相反的，安逸就会放纵，容易忘掉善念，邪恶的念头就产生了。住在肥沃土地上的百姓没有才能，是由于放纵；贫瘠土地上的百姓都崇尚正义，那是由于勤劳。"

文伯点了点头，认为母亲说的很有道理。

敬姜见儿子听得专注，便继续说："所以，就算贵为天子也得勤奋工作，早上和三公、九卿一起，用装饰文采的器具祭祀日神；中午考察政务，交代百官事务，使民众的事能得到有秩序的处理；再用有文采的器具祭拜月神，和太史、司载仰察上天的垂示；日落时便督促嫔妃，让她们清洁并准备祭品及器皿，然后天子才去休息。诸侯也得勤奋工作，在清早学习和听取天子交办的事，白天完成任务，傍晚则反省典章和法规，夜晚要去警告官员们，叮咛他们不要享乐过度，然后才能去休息。"

文伯心想，确实如此啊！朝廷由上到下都各司其职，才能推动国家的政务。

敬姜又道："至于卿和大夫们也一样，早晨考察自己的职守，白天研究政事，傍晚整理一天的工作，夜晚处理自己封邑的事，然后才去休息。士大夫在早晨接受朝廷分配的事务，白天讲习政事，傍晚复习，夜里反省自己的过失，然后才去休息。从平民以下，人人白天工作，晚上休息，没有一天可以怠惰。"

文伯深感佩服，母亲每天在家中，竟对国政有如此细微的观察。

　　敬姜继续说道："贵族的妇女同样忙碌啊！比如王后得亲自编织冠帽上系着瑱玉[1]的黑丝绳；诸侯夫人要编织冠缨和缝制冠顶布；卿的妻子要缝制礼服上的腰带，大夫的妻子则缝制祭服，士的妻子还要缝制朝服。下士以下的妻子，都亲自做衣服给丈夫穿。不论春祭、冬祭，男女都努力做出成绩，有罪就实施刑罚，这是古代的制度。君子劳心，百姓劳力，这是先王的遗训。国家从上到下，谁敢放纵偷懒而不尽心尽力呢？"

　　文伯终于明白，为何母亲仍旧那么努力工作，不禁深感惭愧。

　　敬姜见了儿子的脸色，便温柔地说："孩子，现在为娘的守寡，而你在朝为官又处在下位，从早到晚忙着处理事务，生怕忘记先人的功业，更别说如果怠惰的话，将来怎么逃避刑罚呢？我还指望你提醒我：'绝对不要荒废祖先的功业。'但你现在却说：'为什么不让自己过得安逸一点？'如果再用这种想法担任官职，可能因为玩忽职守受到刑罚，我怕你爹就要绝后了。"

1　瑱玉：瑱 tiàn。古代系于冠冕两侧，垂在耳旁，用以塞耳的玉饰。

文伯羞愧不已，立刻向母亲敬礼，表示自己的歉意。

孔子听说这件事以后，感触很深，就告诫弟子们说："你们要记住敬姜的这番话，她的确能够自我节制，而且深明大义啊！"

诗佳老师说

故事叙述鲁大夫公父文伯的母亲敬姜对儿子的一番教诲。敬姜对儿子在朝为官却只想安逸，深深感到忧虑，她说人不分贵贱，都必须接受工作的磨炼，勤劳努力才行，如果一个人先天环境好，却抱着怠惰之心，什么都只图安逸享乐，就非常容易堕落；倘若朝廷的君主、大臣、官员们也如此，国家就岌岌可危了，正是所谓"忧患兴邦"。敬姜主张的就是"勤奋方能成材"的教育观念，值得现代父母深思。

　　民劳则思，思则善心生；逸则淫，淫则忘善，忘善则恶心生。

——《国语·敬姜论劳逸》

　　百姓勤劳就能思考，就会有善良的念头产生；相反，安逸就会放纵，容易忘掉善念，邪恶的念头就产生了。勤劳是一种美德，是积极向上的态度，因此能激发人的善念；而放纵的人缺乏自我管理，将走向堕落。相关词是"好逸恶劳[1]"。

1　好逸恶劳：贪图安逸，憎恶劳动。

⑬ 只用眼神表达的悲哀

（春秋·左丘明《国语·召公谏厉王弭谤》）

【经典故事】

整个京城，弥漫着一股难以言喻的恐怖气氛，四方的诸侯不来朝拜了。这是西周最黑暗的时期，因为周厉王残暴无道，用暴政统治国家。

厉王是周朝有名的暴君，任用荣夷公等人，垄断山林川泽的一切收益，不让百姓前往采樵渔猎。大夫芮[1]良夫极力劝阻："王室恐怕就要衰微了！荣公只知道将国土据为己有，却不知土地财货是老天爷给的，谁想独占，就会触怒很多人。您难道不担心吗？"但刚愎[2]的厉王不听劝，还是任用荣夷公掌管国事。

厉王的施政招来百姓的怨恨，为了控制舆论[3]，厉王从卫

---

1 芮：ruì。
2 刚愎：固执己见，不肯接受他人的意见。
3 舆论：代表公众意见的言论。

国找来巫师，想藉助巫术监视百姓私下的议论，只要发现批评国君和政治的蛛丝马迹，就立即杀掉。

京城里，士兵倾巢而出，大规模地跟踪及搜捕异见人士，如果有人公开发言，就会被士兵强行推上车带走。这样一来，人们都敢怒不敢言，在路上相遇，只敢用眼神传达内心的愤怒。

过没多久，老百姓都不敢开口说话了，连原本应该热闹的大街，也变得异常寂静。厉王非常高兴，得意洋洋地告诉大臣召公："我能制止人们对我的批评，现在他们都不敢说话了。"

召公叹着气，摇头道："您的做法，只是将百姓的嘴堵起来罢了！堵住人民的嘴巴，比堵住江河还要严重。水蓄积多了，一旦溃堤，一定会伤害许多人，不让人民说话的道理也是一样。所以治水的人应该开通河道，使水流畅通；治理人民也应该开导他们，让他们有发表意见的自由……"

召公的话语，仿佛将时间拉到了遥远的时代，那时圣君施政，无不积极要求官员们去民间采集诗篇，要乐官进献民间的歌谣，因为这些诗歌都反映了民意。朝廷里，有诚实的史官撰写史书，百官向天子进谏，将百姓的意见间接地传达给天子，施政就不致于违背情理，能照顾老百姓的需要。

召公停顿了一下，见厉王面无表情的模样，心里有点胆寒，但还是鼓起勇气说道："人民有嘴巴，就像大地有了山川，又像原野有肥沃的田地，能生产许多好的事物来。施政的好坏可以从百姓所说的话中得知，作为施政参考啊！有好的意见就去实行，坏的批评就去防备，可以使国家进步。现在您堵住人民的嘴巴，能维持多久呢？我奉劝您还是改变做法吧！"

但厉王根本不听劝阻，继续一意孤行地控制百姓的言论。

就这样，周朝在天灾、人祸的折磨之下，弄得民不聊生。过了三年，老百姓就发动声势浩大的起义行动，要放逐厉王。刚愎自用的厉王，被暴动给吓破了胆，连忙逃奔到彘[1]这个地方躲藏起来，结束了残暴的统治。

诗佳老师说

周厉王暴虐无道，用高压手段及杀戮来镇压人民，限制言论自由，引起人民的不满和反抗，结果被放逐了。这桩悲剧原本可以预防，然而厉王不听召公的劝谏，刚愎自用，以致后悔莫及。故事的重点在召公那段劝谏的话，他说人民的言论是无法阻挡的，为政者要虚心，善于听取百姓的意见，改正自己的错误，国家才会强盛起来。召公的劝说方式，表现出他的耐性和委婉，使人容易受到启发。

---

1 彘：zhì，本意是猪，此为地名。

不让我们用嘴说话，我们就用别的方法。

防民之口，甚于防川。

——《国语·召公谏厉王弭谤》

　　堵住人们的嘴巴，要比堵住水流所造成的祸患更大。意指不让人民说话，必有大害，可怕的是虽然人民嘴巴上不说，心里却充满仇恨，只要怨恨到达临界点，必然爆发大规模的暴乱，使国家社会造成极大的破坏。相关词"三缄其口[1]"。

1　三缄其口：缄，jiān，言语谨慎或不说话。

战国

ZHANGUO

⑭ 人不可以无耻

（战国·孟子《孟子·齐人乞墦[1]》）

【经典故事】

　　齐国有一个男子，娶了妻、妾两位美娇娘，妻与妾都是贤惠的女人，彼此也能和睦相处，家庭平静无波。不过，近来她们发觉丈夫每次出门以后，都是酒足饭饱了才回来，从来不愿在家里吃饭，这使她们感到疑惑。

　　妻子有些疑心，以为丈夫是去酒家花天酒地了，于是找了机会试探丈夫："相公都和什么人吃饭喝酒呢？"

　　丈夫若无其事地回答："都是和一些显要富贵的人家呀！"他摆摆手说："男人的事，女人家少管。"说完，就出门去了。

　　这么一来妻子更加怀疑了，就对妾说："相公每次出门，都酒足饭饱了才回来，问他和谁吃饭喝酒去？他总说是一

_____

1　墦：fán，坟地。

些富贵显要的人家，可是这些人怎么都没到我们家来呢？我想跟踪相公，看看他都跟哪些人在一起。"

于是，妻与妾两个女人私下秘密商议着，身为女人的直觉告诉她们，丈夫极有可能是上酒家去了。

隔天早上，妻子便暗中跟着丈夫出门，一路上躲躲藏藏的，生怕被丈夫发现。然而妻子跟着丈夫走遍城池和大街小巷，甚至经过城里最大的酒家，始终没见到他和别人交谈，而且丈夫走的道路越来越偏僻了。

妻子渐渐感到害怕，不久，就跟着丈夫走到东城外的坟场。于是妻子便躲在一棵树后面，远远地观望，没想到竟然看见丈夫向祭祀的人讨乞剩余的酒肉，等讨来了，就拿到一旁大吃起来。这家吃得不够，又往别家的坟上乞讨。

"原来这就是相公酒足饭饱的方法啊！"妻子简直不敢相信自己的眼睛，她默默地落泪，然后转身离开，一路上失魂落魄地，也不知怎么回到家里的。

妻子把实情告诉妾，妾也惊讶得张大了嘴，说不出话来。

妻说："相公是我们依靠一辈子的人，想不到他有妻妾、有家庭，竟然不努力工作，还去乞讨，捡现成的食物来吃，真是不争气！"两个女人痛骂着丈夫，在庭院里相对哭泣，为自己的命运感到悲哀。

丈夫还不知道他在坟地乞讨的事，已被揭穿，仍然得意洋洋地从外面回来，对着妻妾趾高气扬[1]，炫耀着他在富贵人家聚会的热闹风光，自以为很了不起。

妻与妾更绝望了。

孟子知道这件事后，就对学生说："一般人求取升官发财时，难免露出丑态，好比齐人乞讨免费的食物，也是丑态毕露，如果让这些人的妻妾看到了，恐怕也会觉得羞耻，也要抱在一起哭吧！"

诗佳老师说

孟子描绘了一个内心卑劣下贱，外表却不可一世的人物形象。故事中的齐人为了贪图享受，完全抛弃人格，表现好逸恶劳的人生观。孟子用齐人的嘴脸，比喻官僚的腐败与无耻，他所影射的，正是那个时代的所见所闻：那些人不择手段地奔走于诸侯之门，求升官发财，他们看似冠冕堂皇，暗地里却行径卑劣，从事见不得人的勾当。孟子藉由故事，揭露出那些人内心肮脏的本性。

1　趾高气扬：走路脚抬得很高，十分神气。

【漫画经典】

丈夫不工作而去乞讨，真不争气！

人不可以无耻，无耻之耻，无耻矣。

——战国·孟子《孟子·尽心上》

　　人不可以没有羞耻之心，能够以不知羞耻为耻，就可以免于羞耻了。羞耻之心，应该是大部分人都有的，只有一些为人行事卑鄙的人，才不知世间有"羞耻"二字。孟子强调的是：人应该要经常自觉地进行反省。相关词是"行己有耻[1]"。

1　行己有耻：出于《论语》。人有羞耻之心，认为可耻的事就不去做。

⑮ 技艺的最高境界

（战国·庄子《庄子·庖丁解牛》）

【经典故事】

文惠君听说庖丁[1]杀牛的技术很好，就请他来杀牛，而自己在一旁观看。

只见庖丁杀牛时，手接触的地方，肩膀倚靠的地方，脚踩的地方，膝盖所顶的地方，哗啦一响，骨肉就分离了，进刀的声音霍霍地，刀子敏捷地出入在筋骨缝隙之间，似乎都有节拍，就像商汤时《桑林》舞乐的旋律，又像尧帝时《经首》乐曲的节奏，非常完美。

文惠君看了，不断地赞叹说："好啊！想不到你的手艺已到了这样的程度！"

庖丁放下刀子，行礼说道："我所喜爱的，是从宰杀牛当中领悟的道理。刚开始杀牛的时候，我看到的是一头完整的

1　庖丁：庖，páo，厨师。

牛。三年后，因为经验多了，这时看到的就不只是一头牛，而是牛的五脏和筋骨。到了现在，我杀牛已经不用眼睛看，而是用精神领会就可以，感觉器官都不需要了，全凭着精神感觉来做。我依照牛身上的筋骨脉络，找到骨与骨相接及骨与肉相接的地方下刀，刀锋只在筋骨缝隙之间出入，不仅没有阻碍，而且游刃有余。"

文惠君点点头，似乎有所领悟。"牛"不正代表人生要面对和解决的事情吗？要解决事情，必定会遇到很难处理的部分，也有容易入手的地方，事情能不能顺利解决，就要看个人的功力了。

庖丁接着说："技术好的厨师，每年都要更换一把刀，因为他们硬是用刀去切割筋肉；一般的厨子，则是用刀直接砍骨头，所以每个月换一把刀；而我这把刀已经用了十九年，杀过数千头的牛，可是刀刃还是十分锋利，就像刚刚才磨过的一样。"

文惠君不禁联想到解牛的难度，就如同人事间复杂的情况啊！不会操刀的人又砍又割，白白地伤筋动骨，吃力而不讨好；就好比不明道理的人处理事情，也是劳累而没有效率。

他又想到，庖丁的刀不接触任何伤害刀锋的东西，因而得以保存实力，人在处理事情的时候，也不要让精神受损才是。

庖丁微微一笑，又道："虽然我从事这行已经十九年了，但现在每当我处理一头牛的时候，遇到筋骨盘结的地方，还是不敢大意，总是先屏气凝神，充分掌握牛的结构。牛的骨节有间隙，而刀刃很薄，就用很薄的刃插入有空隙的骨节，空间很大，刀刃就有自由发挥的余地了。"

文惠君心想，庖丁十九年来始终如一，这必须很有毅力才能做到。

庖丁又道："每当碰到筋骨交错聚结的地方，我觉得很难下刀时，就小心翼翼地专注视力，将动作慢下来，轻轻地移动刀子，霍啦一声，骨和肉就分离了，就像泥土散落在地上一样。这时我提着刀站立起来，举目四望，觉得很有成就感，才把刀子擦拭干净，好好地收藏起来。"

文惠君听到入神，不禁一拍手掌说道："太好了！听你这么说，我终于知道养生的方法了！"

诗佳老师说

　　庄子用解牛的过程与难度，比喻人事间的错综复杂。不懂操刀的人又砍又割，只是吃力不讨好而已，好比不懂道理的人处理事情，没有用对方法，虽然耗费心力，结果却是徒劳无功。庖丁的刀能顺着空隙走，不硬碰硬，就如同人在处事时给自己留有余地，这是处事之法；同时也是保养"刀"的方法，也是养生之法，做任何事都不要"用尽"，保留实力，才是修身养性之道。庖丁不只是解牛，更由技入"道"，将技术提升至艺术家的境界。

【漫画经典】

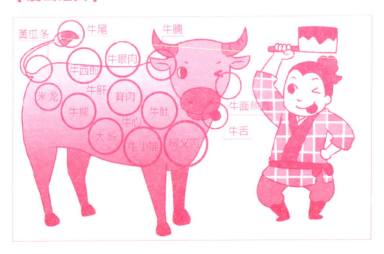

以神遇而不以目视，官知止而神欲行。

——战国·庄子《庄子·庖丁解牛》

　　只用精神领会道理就行，而不必用眼睛看，感觉器官都不需要了，全凭着精神感觉去做，就能从容完成。当技术真正的入于"道"的境界，便能跳脱既有的框架，摆脱原来惯用的章法，而能自由挥洒。相关词是"游刃有余[1]"。

1　游刃有余：好的厨师宰牛时刀刃在骨节间的空隙运转，觉得空隙还很大。比喻对事情能胜任，从容不费力。

汉

HAN

⑯ 战胜虚荣心

（《战国策·邹忌讽齐王纳谏》）

【经典故事】

邹忌的身高一百八十多公分，有一张让人过目不忘的美丽面容，是齐国有名的美男子。

一天清晨，邹忌穿戴好衣帽，望着镜中的自己，一时兴起就问妻子："我和城北的徐公相比，谁比较俊美？"妻子甜蜜地说："您俊美极了，徐公怎比得上您！"妻的爱恋之情溢于言表。

城北的徐公，也是齐国有名的美男子，邹忌不相信自己比他俊美，于是就去问妾："我和徐公比，谁俊美？"妾恭谨地回答："徐公哪里比得上您！"妾在家里的地位低下，与丈夫之间更像是主仆，加上平日顺从惯了，所以口吻就比较谨慎小心。

第二天，有一位客人从外地来拜访，邹忌与他坐着谈了好一会儿的话后，忽然问客人："我和徐公谁比较俊美？"客人说："徐公远不如您俊美啊！"客人的回答夸张了些，流露出奉承的意味。邹忌将这些回答记在心里。

又过了一天，正巧徐公来访，邹忌趁机仔细端详他的外貌：徐公不但相貌俊秀唯美，而且身形高大，体魄强健，气质更是温文儒雅，难怪令天下女子折腰。邹忌自叹不如，再照镜子审视自己，更觉得自己远不如徐公了。

邹忌在众人的赞扬声中，并没有飘飘然，而是保持清醒的头脑。他晚上躺在床上，仔细思考这事："妻说我俊美，是因为她偏爱我；妾说我俊美，是因为怕我；客人说我俊美，是因为有求于我啊！"邹忌再想到国家，于是体会到治理国家的道理了，天亮后赶忙上朝谒见齐威王。

邹忌拜见威王说："我确实知道自己不如徐公俊美，但是我的妻偏爱我，我的妾怕我，我的客人有求于我，他们都说我比徐公美。这究竟是为什么呢？我想了一整夜，终于明白了！"

齐威王好奇地问："你悟出什么道理？"

邹忌回答："我想到的是您。如今齐国拥有千里的土地，有一百二十座城池，宫中的嫔妃和近臣，没有人不偏爱您的；朝中的大臣也没有人不畏惧您；全国百姓更没有人不有求于您。如此说来，您受到的蒙蔽更多哪！"

威王闻言大惊，恍然大悟道："你说得对极了！"于是立刻下了一道命令："所有能够当面指责我过错的大臣、官吏、百姓，可得到上等奖赏；能够上书劝谏的，可得到中等奖赏；能在公共场所公开议论我的过失，并且传到我耳里的，可得到第三等奖赏。"

命令才刚实行，群臣便纷纷前来进谏，朝廷的门前、院内就像菜市场一样热闹，可见在此以前，齐国确实有许多积弊没有被揭露出来。

几个月后，偶尔还有人前来进谏，这代表国家最初实行的进谏政策，已经收到了预期的效果，威王根据人们的意见，改革了弊政。

满一年以后，人们即使还想进谏，也已经没什么可说的了，因为威王已完全改革了施政的缺点和错误，使得国家政治清明。燕、赵、韩、魏等国家听说了，都愿意来齐国朝见齐威王，希望能学习治国的经验。

于是齐国不费一兵一卒，靠着实行纳谏政策就战胜他国了。

诗佳老师说

原题目的"讽"字，是讽谏的意思，就是用暗示、比喻的方法委婉规劝。劝说需要讲究策略，邹忌劝谏就是成功的范例。邹忌见到齐威王，并没有单刀直入地进谏，而是先叙述自己的亲身经历和体会，从自身扩及他人，点出"王之蔽甚矣"，没有对威王直接批评，而是说故事来比喻，启发威王看到自己受蒙蔽的严重性，进而使君王懂得广开言路，虚心纳谏。说服别人时，只要语言含蓄委婉，忠言就不会逆耳。

【漫画经典】

不以物喜，不以己悲。

——北宋·范仲淹《岳阳楼记》

无论外物的好坏和自己的荣辱得失，使我们产生何种喜悲，都要保持清明理智的心态。这两句是互文的写法，就是不以"物或己"而导致"喜或悲"的情绪，如此才能保持清醒，不受花言巧语或外物的蒙蔽。相关词是"宠辱不惊[1]"。

1　宠辱不惊：得宠或受辱皆不动心，指将得失置之度外。

⑰ 触龙说服赵太后

（《战国策·触龙说赵太后》）

【经典故事】

赵太后坐在大殿上，愤怒地说："谁胆敢说要长安君为人质，我就把唾沫吐在他脸上！"底下的文武百官都吓得不敢再劝。

这是纷乱的战国时代，赵国国君惠文王刚去世，由儿子孝成王继位，因为新君年轻，就暂时由赵太后摄政¹。此时秦国趁机侵犯赵国，已经占领了三座城池，赵国的形势危急，于是向齐国求救。

但齐国却表示："要赵太后的小儿子长安君作人质，才愿意派兵援助。"

赵太后不肯牺牲爱子，更不愿从此受齐国的牵制，因此拒绝了齐国的条件。大臣们无法说服太后，只有左师官触龙自

1　摄政：代替君主处理国政。

告奋勇进见，太后便在宫中气呼呼地等他。

触龙来到宫中，步履蹒跚地走到太后跟前道歉："我的脚有毛病，不能快步走。好久没探望您了，怕您玉体欠安，所以想来见您。"

太后脸色略为缓和，说："我靠车子才能行动。"触龙关心地问："您每天的饮食没减少吧？"太后点头道："不过吃点稀饭罢了。"

触龙叹了口气，说："我近来特别不想吃东西，但还能勉强散步，每天走个三、四里，稍微增加些食欲，身体也好多了。"太后说："我却做不到啊！"脸色更平和了。

触龙察言观色，忽然想到什么似地说："老臣的幺儿舒祺很不成材，而我又老了，我很疼爱他，希望他能进宫充当一名卫士，所以特地冒死向您禀告。"

太后以为触龙是来为孩子谋职，就说："好吧。他多大了？"触龙道："都十五岁了。虽然他还小，我却希望在我没死之前，把他托付给您。"

太后笑着说："男子汉也爱小儿子吗？"触龙回答："比女人还爱哩！"太后不信："女人才格外疼小儿子。"

触龙微笑，说："我倒是认为，您对燕后的爱超过对长安君。"太后说："错了，我对燕后的爱远远赶不上对长安君啊！"

触龙笑道："父母爱孩子，就会为他考虑长远的利益。您把燕后嫁出去时，拉着她的脚跟，还为她哭泣，不让她走，想到她远嫁不在身边，您便十分悲伤，那情景够伤心了。燕后走了以后，您不是不想她，可是祭祀为她祝福时却说：'千万别让女儿回来。'您这样做，难道不是为女儿考虑长远利益，希望她的子孙能成为燕王吗？"

　　太后点点头道："是这样没错。"因为燕后若不回来，代表她的地位稳固，没有回娘家的必要。

　　触龙又说："从这一辈上推到三代以前，甚至到建国的时候，赵国君主的子孙被封侯的，他们的子子孙孙还有能继承爵位的人吗？"太后答："都没有了。"

　　触龙又问："不只赵国，其他诸侯国有这样的情形吗？"太后摇头："还没听说过。"

　　于是，触龙凝视赵太后的眼睛，诚恳地说："国君的子孙地位尊贵，对国家却没有功劳；俸禄优厚，却毫无贡献，又拥有许多珍宝，这就危险了！恐怕失去人心，祸患早晚会降临到他们的头上。"

　　这几句话宛若当头棒喝，赵太后不禁陷入沉思。

　　触龙更进一步说："现在您使长安君地位尊贵，把肥沃的土地给他，赐他宝物，如果不趁现在令他建功，有朝一日您不在了，长安君凭什么在赵国立身呢？我觉得您为长安君考虑得太少了，所以认为您对他的爱不及对燕后啊！"

太后终于心悦诚服地说："行了！随你把他派到哪儿去吧！"

于是，长安君就在严密的保护下到齐国作人质，齐国这才派兵救赵，解除了赵国的危机。

诗佳老师说

这是历史上有名的说服案例。强调彼此的共通点，可让对方更容易接受你的意见。触龙先提到自己已经老迈，行动不便、食欲减少，勾起太后惜老、敬老的同情心，降低太后的怒气，拉近距离。接着说自己疼爱小儿子，正和太后疼爱子女的心情一样，激发太后的同理心。再以太后对待燕后和长安君之差异来对照，与太后建立"父母爱孩子，必须为孩子做长远的打算"的共识，完全站在太后和长安君的立场着想，终于成功地说服太后。说服时顾及对方的利益，才能打动对方。

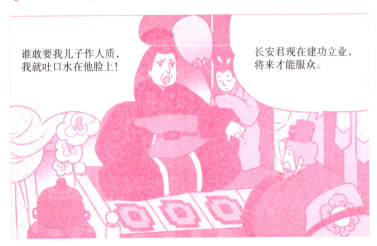

父母之爱子，则为之计深远。

——《战国策·触龙说赵太后》

　　父母爱自己的孩子，就要为他们考虑长远的利益。父母爱子女，就不会让子女因为坐享其成[1]而受害。国君应该让子女为国家建功立业，以得到人民拥戴，不能使子女安享特权，平白因父母的权势得到许多利益。相关词是"爱子心切"。

1　坐享其成：不出劳力而享有现成的福利。

⑱ 颜斶说服齐王

（《战国策·颜斶说齐王》）

【经典故事】

齐宣王召见颜斶[1]，喊道："颜斶你上前。"

底下的颜斶也叫道："大王您上前。"

齐宣王听了满脸不悦，大臣们也面面相觑，从来没有人敢这么对大王说话。

左右大臣纷纷出言指摘："大王是一国之君，而你只是一介平民而已，大王叫你上前说话是应该的，可是你也唤大王上前，这成何体统？"群臣交头接耳，心想此人得罪大王，下场应该不妙。

没想到颜斶神色轻松地说："如果我走上前，那便是贪慕权势，急着要巴结大王，但大王过来则是谦恭。与其让我蒙受趋炎附势的恶名，倒不如让大王得到礼贤下士的美誉。"

---

1 斶：zhuó 。

群臣都露出不满的神色，颜斶这番话倒象是指桑骂槐在嘲讽他们。

齐宣王仍然满脸怒容，斥责颜斶道："到底是君王的地位尊贵，还是读书人的地位尊贵？"

颜斶不卑不亢[1]地回答："自然是读书人尊贵，君王并不尊贵。"群臣议论纷纷，觉得此人竟敢说君王不尊贵，简直是大逆不道。

这番话，倒是引起齐宣王的好奇心了，问道："这话怎么讲？"

颜斶神色自若地说："以前秦国攻打齐国，秦王下令：'有谁敢在柳下惠坟墓周围五十步内砍柴的，一概处死，决不宽赦！'秦王又下令：'谁能取得齐王首级的，封侯万户，赏赐千金。'由此看来，活着的国君头颅，还比不上死去的贤士坟墓呢。"

齐宣王叹道："唉！我怎么能够怠慢君子呢？我这是自取其辱呀！今天听到先生的高论，才明白轻慢贤士是小人的行径。希望您能收我为弟子。如果先生与我相交，食必山珍海味，行必有专车接送，先生的妻儿也必然锦衣玉食。"

颜斶听了，却立刻婉拒并要求告辞回家。齐宣王对颜斶

---

1 不卑不亢：形容处事待人态度得体，不傲慢，不卑屈，恰到好处。

的决定感到惊讶和不解。

颜斶解释道："美玉是从深山开采来的，经过琢磨就会破坏天然本色，不是说美玉不再珍贵，只是失去了原始的美。士大夫生于乡野，经过推荐选用就接受俸禄，可以说是相当尊贵显达，然而他们此后便很难做自己了。"

齐宣王微微点头，群臣也默然不语。

颜斶继续说道："臣只希望能回到乡下，晚一点吃饭也无妨，即使再差的饭菜，也像吃肉一样津津有味；慢慢走就好，当作坐车；没有什么过错，也就足以自贵；与世无争，自得其乐。纳言决断的，是大王；秉忠直谏的，则是颜斶。臣要说的话已经很清楚了，希望大王赐我返回家乡。"于是再拜而去。

齐宣王不再阻止颜斶，目送着他的背影，心中不禁肃然起敬。

当时的君子赞叹说："颜斶的确是知足的人，能够回复到原来最自然的样子，那么一生都不会感到耻辱。"

诗佳老师说

　　君主必须以大臣、民众为根本，老百姓和贤臣，是君王之所以存在和显贵的依据。在现代社会，作为领导者也要认清自己的地位和民众的重要性，那种轻视人才和民众的人，实际上也使自己失去了人心，最后难免众叛亲离。颜斶对社会和人生进行的哲理思考，流露出他对人的价值和生命本质的追求，反映出"视富贵如浮云"的气节，也让齐宣王学会了尊重知识分子的人格。

【漫画经典】

名句经典

返璞归真，则终身不辱。

——《战国策·颜镯说齐王》

人如果回复到原来的自然状态，那么一生都不会感到耻辱。"璞"是仍未雕琢的玉，代表自然和真实。任何东西只要经过包装都能迷惑人心，因此人们渐渐忘记了它的本来面目，只知迷恋表象而忽略了本质。当人回复本质，便能诚实地面对自己，就不会有宠爱或耻辱的得失心来困扰情绪了。相关词是"宠辱不惊"。

⑲ 人才的重要

（《战国策·冯谖客孟尝君》）

【经典故事】

　　冯谖¹穷得活不下去了，只能依附在孟尝君门下当食客。他手中捧着装了粗食的饭碗，想起孟尝君嘴边挂的一抹冷淡的笑，当时他问他："你有什么嗜好？有什么才能？"冯谖只能耸耸肩说："我没什么嗜好，也没什么才能。"

　　其实他的才能是藏在胸中的万千甲兵，但孟尝君怎肯信他？

　　现在，冯谖靠着柱子、敲击剑柄唱起来："长剑回去吧！没有鱼吃。"孟尝君听见了，就交代侍从："给他鱼，比照中等门客。"

　　不久，冯谖又敲着剑唱道："长剑回去吧！出门没有车。"孟尝君笑说："给他准备车子，比照上等门客。"

———————————

1　谖：xuān。

然而冯谖又敲着剑唱："长剑回去吧！我无法养家。"孟尝君才知道冯谖家中还有老母亲，不责怪他贪心，反而派人供应吃用，使他母亲生活无虞。从此冯谖就不再唱歌了。

有一次，孟尝君贴出告示，要征求门客为他前往薛地收债。

冯谖自告奋勇地说："我能。"孟尝君觉得奇怪，问："这人是谁？"侍从说："就是高唱'长剑回去'的那位。"孟尝君笑着说："客人果然有才能，是我辜负了他。"于是请冯谖见面，向他道歉："我因为被琐事弄得很疲倦，而且生性愚昧，得罪了先生。先生不在意，仍然愿意为我去薛地收债吗？""冯谖愿意。"于是便准备车马，整理行装，带着借据准备起程。

出发前，冯谖问孟尝君："债收到后，该买些什么回来呢？"孟尝君豪迈地说："看我家缺什么就买吧！"

冯谖一抵达薛地，就立刻召集欠债的人来核对借据。核对完毕，他就假借孟尝君的命令烧掉借据，把老百姓的债务全部取消，人们都欢呼万岁。事情办完，他毫不停留地赶回齐国，一大早就求见孟尝君。

孟尝君感到很惊奇，问道："债收完了吗？为什么这么快就回来？"冯谖答："都收好了。"孟尝君又问："买了什么回来？"冯谖说："我仔细想，您的宫中堆满珠宝，畜舍里养满了狗马，又有众多的美女侍妾，您家中只缺少'义'罢了，因此我为您买了'义'。"

孟尝君皱眉说："如何买义？"冯谖说："您只有小小的薛地，却不爱护子民，反而在人民身上图利。因此我假传命令，烧掉借据，把债还给百姓，这就是我为您买来的'义'啊！"

孟尝君听完，不高兴地摆摆手说："别再说了！"

过了一年，齐王听信谗言，某天对孟尝君说："寡人不敢任用先王的臣子，作为我的臣子。"借故将他罢免了。

孟尝君只好回到薛，在他离薛还有一百里远时，就见到百姓扶老携幼在路上迎接。孟尝君感动至极，回头对冯谖说："我今天才知道这是您为我买的'义'啊！"冯谖行礼道："聪明的兔子往往有三处躲藏的巢穴，现在您只有一处，还不能高枕无忧。让我再替您寻找。"

冯谖便带着五十辆车及五百斤黄金，到梁国游说惠王，他说："齐国放弃孟尝君，等于送给诸候一份大礼，谁先请到他，就可以富国强兵。"于是惠王赶紧空出宰相的位子，派使者携带黄金千斤、车子百辆，去聘请孟尝君。

冯谖又赶回去告诫孟尝君："千斤黄金是重礼，百辆车是荣耀的使臣礼节，但你要婉拒。齐王应该听说这件事了。"梁国使者前来聘请三次，孟尝君都婉谢不去。

这事让齐国的君臣很害怕，于是派人携带大礼，并写了一封信向孟尝君谢罪，希望他顾念祖先的宗庙，回来治理万民。

冯谖又提醒孟尝君："请您向君王表达希望能得到祭祀先王的礼器，在薛建立天子宗庙。"古代君王处理国事，都要祭告于祖庙，等宗庙落成，薛将成为国家重地，孟尝君的地位就更稳固了。

宗庙建好，冯谖便报告："三个巢穴都已准备完成，您可以高枕无忧了。"孟尝君在齐国当了几十年的丞相，没有任何灾祸，都是靠着冯谖的计谋。

诗佳老师说

为了突出冯谖的才能，作者巧妙地以孟尝君对人才的忽视，及其他门客的冷嘲热讽和冯谖对比，进行映衬烘托，使得这看似平凡、接近无赖的人物，似乎深藏不露；接着叙述冯谖"收债于薛"、"焚券市义"等故事，表现了冯谖的卓越不凡。这些写法使人物的形象鲜明突出，正是"先抑后扬"的艺术手法。

狡兔有三窟，仅得免其死耳。

——《战国策·冯谖客孟尝君》

聪明狡猾的兔子往往有三处藏身的巢穴，才能免于一死。多指掩藏的方法很多，藏身计划周密，相当安全。人想要在危险、竞争的环境中生存，就必须事先准备充分，想好退路，训练临机应变的能力，才能度过困境。相关词是"狡兔三窟"。

⑳ 望帝春心托杜鹃

（西汉·扬雄《蜀王本纪·杜宇》）

【经典故事】

不知是暮春的哪一天，蜀国的天空飞来一只杜鹃鸟，人们意识到它的存在，是源于那一声声划破静谧[1]的啼叫，仿佛在诉说一个美丽而哀伤的故事。

远古时代的蜀国人口稀少，生活落后，有个青年男子名叫杜宇，从天上降落人间，成为蜀国的国王，号"望帝"。望帝很关心百姓的生活，教导百姓种植庄稼的技术，因此深受拥护。

那时蜀国经常闹水灾，望帝想尽了各种方法治水，却始终不能根除水患，这使得勤政爱民的他整日眉头深锁，忧心忡忡[2]。有一年，河里忽然出现一具男尸，逆流而上漂来，人们

1　谧：mì，安宁，安静。

2　忧心忡忡：忧愁不安的样子。

感到惊奇，好事者就把尸体打捞起来，没想到"尸体"被救上岸后就复活了，而且是个眉清目秀的青年。

这青年名叫鳖[1]灵，是一只鳖精修炼而成的，每天他都要乘着星光，和江源井里最美的女人朱利幽会。今天他听说西海有水灾泛滥，便沿江巡视，却不小心失足落水，从家乡一直漂流到蜀国。

望帝知道后，派人请鳖灵前来相见，两人一见如故。望帝觉得鳖灵是个难得的人才，立刻任命他为蜀国的宰相，负责治水。

在江源井等待很久的朱利，终于无法忍受相思之苦，便到蜀国寻找鳖灵。那天正好望帝出猎，在山野间邂逅[2]了朱利，只见她脱俗的风姿，非凡间女子能有。望帝一见倾心，于是将朱利纳入宫中为妃。

朱利只知道鳖灵身在蜀国，不知他贵为蜀相；再加上娇弱之身不敢抗命，又无法言明身分，只能闷闷不乐的，令望帝十分烦恼。

蜀国这场洪水，浩浩荡荡包围了蜀都，和当年大禹治水时的灾情几乎不相上下，百姓深受其害，死的死，逃的逃，国

1　鳖：biē。
2　邂逅：没有事先约定而偶然遇到。

家人口锐减，陷入了一片混乱。鳖灵受望帝的重托，更不敢懈怠，展现出卓越的治水才干，变水患为水利，终于使水患得到解除，百姓又可以安居乐业了。

望帝决定为鳖灵设宴庆功。当晚君臣尽欢，鳖灵大醉，没有留意望帝身旁坐着低头不语的妃子。深夜时分，鳖灵留宿宫中，朱利敲开了他的门，二人相见抱头痛哭，各自倾诉别后的相思。

望帝知道此事后，自责悔恨交集，当晚就决定把王位禅让[1]给鳖灵，自己悄悄隐入西山修行。国家失去了主人，鳖灵又有治水之功，于是在臣民的拥戴下接受了禅让，号开明帝，又叫丛帝。

孤独的望帝躲在山中，非常思念朱利和故乡，但又无可奈何，只有成天哀泣，最后郁郁而死，死后灵魂化作杜鹃鸟飞回蜀国。每当桃花盛开之际，杜鹃便声声地叫着："不如归去，不如归去。"从此以后，杜鹃就栖息在蜀国日夜哀鸣，直到它的口中流出血来。

杜鹃啊！请收起悲哀的啼声吧！不知有多少颗脆弱的心，已经碎裂在你凄切的啼声里了。

1　禅让：禅，shàn，帝王让位给贤人。

诗佳老师说

　　杜宇退位隐居后对人民的思念，使他死后化身为鸟，飞回故国；蜀民与望帝心意相通，杜宇离去后，人民也对望帝相当怀念，使他们听见杜鹃啼叫，就认定是望帝回来了。故事也传达了爱情失落的感伤，鳖灵与朱利原是一对爱侣，因为意外被拆散，男的成为望帝的大臣，女的做了望帝的妃子，两人近在咫尺，却如同天涯，望帝最后选择退出三角恋情，为神话增添了凄美的色彩。

【漫画经典】

杜鹃鸟代表我对故乡的思念啊！

庄生晓梦迷蝴蝶，望帝春心托杜鹃。

——唐·李商隐《锦瑟》

　　我的心像庄子，因为在梦中化蝶而感到迷惘；又如望帝化作杜鹃鸟，将自己对爱情的向往，寄托在哀怨的鸣叫声里。描述对爱情的感受。古典诗歌常出现表面不明言，实则以物寓意、别有寄托的表现手法。相关词是"望帝啼鹃"。

㉑ 鸡鸣狗盗的领袖

（西汉·司马迁《史记·孟尝君列传》）

【经典故事】

　　孟尝君望着坐满前厅的门客，心想："他们应该都是忠心追随我的死士吧！"对他来说，这些面孔大多陌生，对于他们身怀的本领，也不能完全认识。

　　此时，这些人正仰望着孟尝君，盼他带领所有人逃出秦国，可是谁也不知道他内心的惶恐不安。

　　在这共生死的一刻，人伙就像知心的老友，相对无言。

　　战国时代是个人才争夺的时代，秦昭襄王一向仰慕齐国孟尝君的才能，于是派人请他到秦国作客，吸纳人才的兴趣浓厚。

　　孟尝君为了报答秦王，便献上一件名贵的"狐白裘"作为见面礼。

　　两人深谈后，秦王对孟尝君的才华非常敬佩，就想立即聘他为宰相。但秦王的厚爱，却引起其他大臣的嫉妒，有人积极地劝秦王："孟尝君的确贤能，可惜他是齐王的同宗，有血缘关系，如果让他担任秦国宰相，谋划事情时，必定先替齐国打算，然后才考虑秦国，那么秦国可要危险了！"

雄才大略的秦王思前想后，盘算着："孟尝君如此能干，如果不能为我所用，就该立刻将他除去，这么做等于砍掉齐王的臂膀，齐国就该灭亡了。"于是命人将孟尝君囚禁起来。

污秽肮脏的监牢里，传来阵阵的臭气，是腐肉与杀气的混合。孟尝君知道自己处境危急，就买通人去见秦王的宠妾请求解救。

宠妾见了来人，先是浅浅一笑，慢慢地啜饮手上的玫瑰花露，最后伸出指甲涂得红艳艳的食指说："我希望得到孟尝君那件白色狐皮裘。"

狐白裘价值千金，天下再没有第二件，现在已经献给秦王，该如何是好？孟尝君急得团团转，又派人问遍了门客，然而谁也想不出办法。

忽然，门客中一个相貌平凡的人，站出来毛遂自荐[1]说：

1　毛遂自荐：战国时，秦兵围攻赵国，平原君至楚求救，门下食客毛遂自荐前往，并说服楚王同意赵楚合纵。后比喻自告奋勇，自我推荐。

"我能拿到那件狐白裘！"那晚，他打扮成狗的模样，偷偷溜进宫中的宝库，把那件狐白裘偷了出来，献给了秦王的宠妾。

宠妾得了狐白裘，相当得意，就在秦王耳边吹吹枕头风，秦王便释放了孟尝君。孟尝君出狱时，门客早已准备好快车迎接，唯恐秦王事后反悔，所有人改名换姓立刻驾车逃离秦国。

没多久秦王果然后悔，下令追捕。

在半夜时分，孟尝君赶到了函谷关，按照当时规定，鸡叫时才能打开关口，孟尝君生怕追兵赶到，心里头万分着急。

突然，一声鸡叫划破了寂静的夜空，原来门客中有个人擅长口技，是他在深夜模仿鸡叫。鸡鸣一起，附近的鸡便此起彼落地叫了起来，城门果然开启了，孟尝君一行人连忙逃出秦国，等秦国追兵赶到关口，已经被远远的落在后面，不得不放弃追捕。

身为一个领袖，要像孟尝君那样做个善识人才的"伯乐"，那么鸡鸣、狗盗这类的人，有朝一日也能小兵立大功。

诗佳老师说

　　当初孟尝君接纳门客，目的是在广招人才，既没有经过精细的筛选，也无力深入去认识每位门客，小偷与口技艺人的加入，使众宾客无不感到羞耻，尤其门客中多是自视甚高的人，根本不屑与这种"不学无术"之人为伍。后来孟尝君在秦国遭到劫难，这些有才学的门客全都束手无策，得靠这两个鸡鸣、狗盗之徒使出看家本领，解救所有人的性命，验证了"人人都有可取之处"的省思。

【漫画经典】

原来鸡鸣、狗盗并不是雕虫小技。

名句经典

> 天生我材必有用。
>
> ——唐·李白《将进酒》

天地造就我的才干，必有它的用处。说明李白尽管在政治上受到挫折，但他仍然对自己充满信心，对未来也抱持着乐观的态度，积极向上。他认为自己的才能终将得到施展，这是对自我、对人生的肯定。相关词是"求贤若渴[1]"。

---

1 求贤若渴：慕求贤才，有如口渴急于饮水，形容求才的心情非常迫切。

㉒ 屈原和渔夫

（西汉·司马迁《史记·屈原贾生列传》）

【经典故事】

　　楚国的三闾大夫屈原感到救国无望，默默地，他垂下了一向高昂的头。

　　公元前278年，楚国的都城郢[1]被秦军攻陷，从此楚国失去了抵挡的力量，秦军如入无人之境，在楚国的心脏地带纵横奔驰，随意肆虐。不久前还熙熙攘攘[2]的郢城，没有了人喊马嘶，只听得见沉痛的悲歌。

　　自从楚襄王听信谗言，放逐屈原以后，屈原每天都在抑郁纠结的心情中度过。这几天楚都沦陷，许多楚人纷纷往南方迁移避难，便也将城破的噩耗带到了江南。

　　屈原听说了，大为震惊，原本他还对楚国的政治存有一

1　郢：yǐng，春秋时期楚国的都城，故址在湖北省江陵县境。
2　熙熙攘攘：形容人来人往，热闹拥挤的样子。

丝幻想，但是此刻"期待"已被摔成无数的小碎片使他彻底绝望了。

他怀着沉重的失落感，独自在湘江流域一带行走徘徊。他在沼泽畔为国破家亡吟唱着哀歌，神情是那样憔悴，身体是那么枯瘦。

有个渔翁打老远就看见屈原，不禁感到诧异，将小船划近岸边，问道："您不是三闾大夫吗？为何变成这等模样？"

屈原叹了口气，对渔夫说："当世人都混浊不堪时，只有我一人是清清白白的；当人人都喝醉时，只有我一人还清醒。所以我就被排挤放逐了。"

渔翁听了，淡淡地说："圣人有着超凡的智慧，不会受限于任何事物，所以能随世俗的改变而调整处事方法。既然世人混浊不堪，您为何不顺势翻搅水底的污泥，掀起水面的波浪，与他们同流合污¹呢？既然人人都喝醉，您为什么不也吃些酒糟，喝点薄酒装醉呢？为何还要表现出忧国忧民、清高的言行，害自己被放逐？"

屈原苦笑一声，对渔父说道："我听说，刚洗过头发，一定要先弹掉帽上的灰尘，才能戴帽子，以免弄脏；刚洗过

1　同流合污：随波浮沉，后多指跟坏人一起做坏事。

澡，一定要先抖掉衣服上的灰尘，才能穿上。我怎能让这干净的身体，去接触那些肮脏的东西呢？我宁愿跳进湘江里给鱼儿吃，也不愿让洁白的人格，受到尘埃的污染。"

渔夫只是微微一笑，就摇着桨离开了。他一边敲击船边，一边高声唱道："沧浪的水多清澈啊，可以洗我的帽带；沧浪的水多污浊啊，可以洗我的脚。"

豁达的渔夫在歌中诉说胸怀，他想告诉屈原：不论水是清、是浊，处在朝廷就为国君分忧，处于民间就为百姓烦恼；时势对自己有利便去做，世道难行就独善其身，这才能保全自己啊！

屈原望着渔船渐行渐远，渔夫的歌声终于听不见了。这番人生的道理，屈原岂有不懂？然而他终究不愿意同流合污，做出违背心意的事。

到了五月初五这天，屈原穿上平日最喜欢的衣服，头上戴着高冠，腰间悬挂长剑，郁郁地来到汨罗江畔。他环视这片爱得深切的土地，终于抱着石头，跃入汨罗江中。

此后，这滔滔江水所承载的，便是一位忠臣的赤胆忠心。

诗佳老师说

　　屈原出身贵族，是个政治人才，口才又好，早期深受楚怀王的信任，曾位为三闾大夫，但后来他的改革施政，招来其他贵族大臣的反对和嫉妒。昏庸的楚怀王听信谗言，与屈原渐行渐远，屈原终于被放逐。放逐后，屈原在和渔夫的一次对话中，各自表明心志：渔夫认为，处世不要过于清高，世道好就出来做官；世道不好，就顺势而为，大可不必落到被放逐的地步。但屈原表示宁可投江而死，也不能与小人同流合污。屈原和渔夫的谈话，表现了两种处世哲学。

【漫画经典】

举世皆浊我独清，众人皆醉我独醒。

——西汉·司马迁《史记·屈原贾生列传》

世人都混浊不堪时，只有我一个人清白；人人都喝醉时，只有我一个人醒着。一般多用于处事或社会、政治等场合。屈原认为，楚王和国人都看不到国家潜在的威胁，而他的远见，使他看到了亡国的前景。相关词是"众醉独醒"。

㉓ 人不可貌相

（西汉・司马迁《史记・管晏列传》）

【经典故事】

在齐国的朝廷大殿，有一位身材矮小、窄肩膀的男人，单薄得像个随时可以乘风归去的纸人，然而他的腰板挺直，意志坚定，仿佛一座难以撼动的塔——那就是齐国的宰相"晏子"。

晏子其貌不扬，但是头脑灵敏，能言善辩，大夫们说不过晏子，便经常嘲笑他："英雄豪杰大多相貌堂堂，高大雄伟，看看你的身高不足五尺，手无缚鸡之力，只靠一张嘴而没有实际的本领，不觉得可耻吗？"

晏子淡淡回答："我听说秤锤虽小，能值千斤；舟桨虽长，不免被水浸没；纣王勇武绝伦，也难逃身死国灭。外貌如何，不代表一个人的本领。"

除了辩才无碍，晏子更是出色的外交官。有一次出使楚国，楚王知道晏子的个子很矮，就想捉弄他，命人在城门边开了个小门，请晏子进去。

晏子知道楚王有意羞辱，为了维护国家与个人尊严，就严词拒绝。他说："到了狗国，才走狗洞，我现在是出使楚国，不应该走狗门。"楚国的官员听见，为了不被指为"狗国"，只好请他从大门进去。

晏子拜见楚王，楚王故意问："齐国没有人了，才派你来吗？"晏子昂首，傲然答道："齐国的人多极了，光是首都就有上百条街道，人们把衣袖举起来，可以遮住太阳，甩汗水就像下雨一样。"

楚王问："既然如此，那为什么偏偏派你呢？"

晏子不慌不忙地说："我们齐国派大使出访很讲究，精明能干的人，就会被派到道德高尚的国家；愚蠢无能的人，就会被派到不成器的国家。我是最愚蠢、最无能的人，所以就派我出使楚国了。"晏子表面上骂自己，实际上暗骂楚国是"不成器的国家"，令楚王无言以对。

晏子心胸宽广，眼光独到。一次他乘车外出，车夫的妻子透过门缝观察丈夫，只见丈夫扬鞭驱马，洋洋得意的模样。等丈夫回家，妻子便主动要求离婚。

车夫很惊讶，问妻子为何离婚？妻子回答："晏子身材矮小，却是齐国宰相，名声显达于诸侯。今天我见晏子乘车出门，在车中志念深远，态度谦和。但夫君您以八尺之躯为人驾车，竟因此自满起来，这就是我要离开的原因。"

车夫十分惭愧，从此收敛了骄慢之气，变得谦退恭谨起来。

晏子发现车夫的行为举止有所改变，感到很奇怪，追问原由，车夫便如实报告，晏子因此推荐他做了齐国的大夫。

诗佳老师说

故事告诉我们，与人交往时，不能只根据外貌来评估一个人的才能、本质和行为，因为有些事物给人的第一印象，看起来很诱人、很有价值，但可能转眼间就被发现其实一无用处。故事中，车夫的妻子见微知著[1]，使丈夫认识到自身的缺失，改变命运，是有智慧的女子；而车夫能接受妻子的劝告，自我提升，也是值得肯定的事。晏子洞察到这对夫妻的难得之处，愿意推荐马夫去做官，可说是独具慧眼，他的内涵散发出智慧之光，实在胜过外表留给人的短暂印象。

1 　见微知著：见到事物的些微迹象，就能知道它的真相及发展趋势。

形相虽恶而心术善，无害为君子也。

——战国·荀况《荀子》

一个人的外貌虽不佳，但是心地良善，仍然不妨碍他成为一位君子。美丽藏在观看者的心灵，美是很主观的，人人都有自己的审美标准，与其去迁就、盲目的跟从别人的审美观，不如肯定自己、培养品德与自信。相关词是"以貌取人"。

24 幽默的说服力

（西汉·司马迁《史记·滑稽列传》）

【经典故事】

一个身高不到七尺的入赘女婿淳于髡[1]，却是经常出使诸侯国的重臣，而且从来没有让国家受过屈辱，且看他是如何地能言善辩。

齐威王很喜欢猜谜，又爱没有节制的彻夜宴饮，陶醉在饮酒中不管政事，上梁不正下梁歪，连文武百官都荒淫放纵起来。各国知道后都来侵犯，眼看齐国就要灭亡了，但大臣们都不敢进谏。

个性滑稽的淳于髡，就故意用谜语规劝威王："城里有只大鸟，落在大王的庭院里，三年不飞又不叫，大王知道这只鸟是怎么了吗？"威王说："这只鸟不飞则已，一飞就直冲云霄；不叫则已，一叫就使人惊异。"威王懂淳于髡的用意，及

—————————

1　髡：kūn，剃发，多用于刑法。

时醒悟，诏令全国官员入朝报告，根据政绩赏罚分明；又发兵抵抗各国的侵略，诸侯十分惊恐，都把侵占的土地归还了。

威王一鸣惊人，齐国的声威竟维持了长达三十六年。

齐威王八年时，楚国派大军侵犯齐国。威王派淳于髡带着黄金百斤和马车十辆送给赵王，希望搬回救兵。淳于髡看了礼物却哈哈大笑，把绑帽子的带子都笑断了。威王纳闷地说："有什么好笑？嫌礼物太少么？"淳于髡笑说："怎么敢嫌少！"齐王愠道："那你笑的意思是什么？"

淳于髡笑着说："今天我从东边来，看到路旁有人拿着一个猪蹄、一杯酒祈祷田神：'请将高地上收获的谷物盛满箩筐，低田里收获的庄稼装满车辆；五谷繁茂丰熟，米粮堆积满仓。'可是我看他拿的祭品很少，求的东西太多，所以觉得好笑。"说完还是嘻嘻笑个不停。

威王就把礼物增加到黄金千斤、白璧十对、马车百辆，淳于髡才肯出发。到了赵国，赵王收下厚礼，便立刻拨给他十万精兵、一千辆裹有皮革的战车。楚国听到这个消息，就连夜退兵，不再攻打齐国了。

威王非常高兴，在后宫摆下酒席召见淳于髡，问他说："先生的酒量如何？"淳于髡微笑："我喝一斗酒也能醉，喝一石酒也能醉。"威王大奇，问道："喝一斗就醉了，怎能再喝一石呢？请问这是什么道理？"

淳于髡说："大王当面赏酒给我，执法官站在旁边，御史站背后，吓得我心惊胆战，低头喝不了一斗就醉了。如果家里有尊贵的客人来，我卷起袖子，鞠躬奉酒给客人，客人也不时劝酒，这样喝不到两斗就醉了。如果和朋友好久不见，忽然间相见，高兴地聊以前的事情，大约喝五六斗就醉了。"

威王点点头。淳于髡又道："至于和同乡聚会，男女同坐敬酒，没有时间限制，一起玩着六博、投壶的游戏，握手言欢也不受处罚，眉目传情不被禁止，面前有女人掉下的耳环，背后有丢掉的发簪，这时我最开心了，可以喝上八斗酒，也不过两三分醉意而已。"威王听了会心一笑。

淳于髡又道："等到天黑，就把剩下的酒倒在一起，大家促膝而坐，男女同席，鞋子木屐乱放，杯盘杂乱不堪。房里的蜡烛已经熄灭，主人只留住我，把别的客人送走。我呢，就毫无顾忌地把衣襟解开，隐约闻到阵阵女人香和酒香，这时我心里最高兴，能喝下一石酒。不过酒喝得过量，就容易出乱子，乐极生悲，所有的事都是如此啊！"淳于髡希望威王了解，任何事都不可走向极端，到了极端就会衰败。威王用力一拍大腿，说："好！"

于是，威王从此不再彻夜的纵酒狂欢，还任用淳于髡担任接待诸侯宾客的宾礼官，此后只要威王安排了酒宴，淳于髡便经常作陪。

诗佳老师说

　　个性滑稽的淳于髡擅长谜语，也就是"隐语"，是一种富于哲理的讽喻手法，他与人辩论或向国君进谏时，经常用幽默的讽喻说明道理，令人心悦诚服。"幽默"是说服他人的利器，英国哲学家培根说："善谈者必善幽默。"幽默意味着心态开放，使人放松。面对不友善的听众，幽默可以维持听众的兴趣，建立联系，将使你获得更多的信任和支持。

【漫画经典】

名句经典

此鸟不飞则已，一飞冲天，不鸣则已，一鸣惊人。

——西汉·司马迁《史记·滑稽列传》

这只鸟不飞就算了，一飞就直冲云霄；不叫就算了，一叫就使人惊异。齐威王本来耽溺逸乐，不管政事，听了隐语而有所领悟。后来就比喻人如有不平凡的才能，只要善加运用，一旦发挥，往往有惊人的作为。相关词是"一鸣惊人"。

㉕ 智勇双全的蔺相如

（西汉·司马迁《史记·廉颇蔺相如列传》）

【经典故事】

楚文王即位，楚人卞和就抱着璞玉[1]，坐在山中放声嚎哭，他痛心的不是被厉王、武王斩断的双脚，而是没人相信他怀中的璞玉是稀世珍宝。

此事引起文王的好奇，便派出玉匠剖开璞玉，只见此玉从侧面看如荷塘碧绿，正面看却转为纯白，果然是块宝玉！文王就将它命名为"和氏璧"。

宝玉没有被人遗忘，多年以后，辗转落到了赵惠文王手中。秦昭王得知，便派遣使臣送信给惠文王说："秦国愿以十五座城池和赵国交换和氏璧。"

惠文王和大臣们商议："秦国强大，如果把玉交给秦昭王，他却不把十五座城池给我们，该如何是好？如果不给

1　璞玉：璞，pú，未经琢磨加工的玉石。

玉，秦昭王可能一气之下派兵来打我们，又该怎么办？"众人举棋不定[1]，一时间找不到能够出使秦国的人。

宦官缪[2]贤忽然说道："我的门客蔺[3]相如应该可以出使，此人有勇有谋，适合担任特使。"于是惠文王立刻召见蔺相如。

惠文王问："秦国要用十五座城换玉，我该不该答应呢？"相如毫不迟疑地说："秦强，赵弱，您不答应也不行。"惠文王忧心地问："可是秦国拿了玉，却不把城给我，该怎么办？"相如说："秦国要拿十五座城来换玉，假如赵国不答应，当然是赵国的错；反之若秦国得了玉，却不把城给赵国，那错就在秦国了。还是派人将玉送到秦国比较好。"

惠文王觉得很有道理，便问："依你看派谁去好呢？"相如自告奋勇地说："假如大王找不出合适的人，臣倒愿意前往。秦国如果把城池给我们，我就把玉留在秦国；如果食言，我一定负责将玉原封不动地送回赵国。"

惠文王于是派蔺相如护送和氏璧到秦国去。

1　举棋不定：拿着棋子，不能决定下一步，比喻做事犹豫不决，拿不定主意。

2　缪：miào。

3　蔺：lìn。

秦昭王高坐在章台宫接见蔺相如。相如捧着和氏璧进献。昭王见到玉，高兴得不得了，把玉捧在手上仔细欣赏，又将它传给侍臣和嫔妃看，却不提交换的事。

　　相如看出秦王没有诚意，就向前说道："大王，这块玉虽然是稀世珍宝，但仍然有些瑕疵，请让我指给大王看！"昭王忙道："快指给我看！"

　　相如从昭王手中接过玉，立刻后退了几步，背靠着柱子，怒发冲冠[1]地说："有瑕疵的不是玉，而是大王的诚信！如果大王强迫我交出玉，我就拿玉和我的头去撞柱子，一起撞个粉碎。"相如举着玉，侧头斜视殿柱，准备撞过去。

　　昭王急了，连忙笑说："你先别气，我这就命人把地图拿来，划出十五座城池给赵。你可以放心了吧！"

　　相如知道这只是缓兵之计，就对昭王说："和氏璧是天下公认的宝物。赵王怕你们，不敢不献，送玉前，还斋戒了五天。您也该斋戒五天，在朝廷上设九宾[2]大礼，我才敢献玉。"昭王心想此事终究不能强夺，就答应了。

　　相如便趁机叫人带着和氏璧，从小路送回赵国。

1　怒发冲冠：盛怒的样子。

2　九宾：古代朝会大典设九宾，指公、侯、伯、子、男、孤、卿、大夫、士。

五天过去，秦昭王果真以隆重的礼节接待蔺相如。相如一见秦王便说："秦国从穆公以来二十多位国君，没有一位坚守信约，我怕被欺骗而辜负国家，所以叫人把玉送回去了。好在秦国强而赵国弱，大王只要派使者到赵国，玉立刻送来。秦国强大，要是先用城池换玉，赵国怎敢得罪大王呢？我知道欺君之罪该当受罚，请您赐我死罪烹煮我吧！只希望您能仔细考虑这件事。"

秦昭王和群臣面面相觑[1]，发出惊怪声，侍卫想把相如拉去处死，却被昭王阻止："现在杀了他，终究得不到玉，却破坏了两国的友好关系。不如好好款待他，让他回赵国。赵王难道会因为一块玉而欺骗秦国吗？"于是对相如以礼相待，并送他平安返回赵国。

1　面面相觑：觑，qù，互相对视而不知所措，形容惊惧或诧异的样子。

诗佳老师说

蔺相如甘冒生命危险为国家效命，忠心爱国，他声言与和氏璧一同撞死，更在秦王面前斥责秦国历代君主言而无信，要求接受烹刑，可见他勇敢过人。当他知道秦王没有诚意以城换璧，就假称"璧玉有瑕"，将玉骗回手中，再以缓兵之计要秦王斋戒，以便派人将玉送回赵国，可见他智慧过人。而秦昭王虽然受到蔺相如的欺骗，却能顾及大局，反而对蔺相如以礼相待，表现出身为大国君主的气度与格局。

【漫画经典】

名句经典

布衣之交尚不相欺，况大国乎。

——西汉·司马迁《史记·廉颇蔺相如列传》

平民百姓之间的往来，尚且不互相欺骗，更何况是大国之间。缺乏诚信是国际间最大的公害，公害易生腐败，向下腐化了国家、社会、企业甚至个人，造成无法弥补的损失。诚信考验着我们每一个人。相关词是"贪而无信"。

魏晋南北朝

WEIJINNANBEICHAO

26 宋定伯卖鬼

（三国·曹丕《列异传·定伯卖鬼》）

【经典故事】

子桓，我是宋定伯。让我跟你说个故事，希望你能将它写成笔记小说。

我年轻时，在某个月黑风高的夜晚独自行走，遇到了一只鬼。别怀疑，那真的是鬼！鬼长得跟人差不多，不难看，身材很高壮，可是走起路来轻飘飘地，像是踩在云端，感觉很没精神，我想应该是只懒鬼。

我深吸一口气冷静下来，想问清楚鬼的来意，于是我问："你是谁？"鬼安静了片刻，忽道："我是鬼。"声音气若游丝，一副中气不足的样子。我想这是只饿鬼。

鬼带点迟疑的声音问我："你呢？你又是谁？"原来鬼有点搞不清楚状况，并不是存心找人麻烦，那我干脆假装是同类好了。于是我回答："我也是鬼。"鬼点头表示同意。这么容易就过关，莫非它根本是一只笨鬼？

鬼问我："你要去哪里？"我心想我正要回家，但可不能让你知道我家的地址。于是回答："我要去宛市。"鬼说："我也要去宛市。"原来是黏人鬼！

我们一起走了几里路，鬼突然开口："这样走太累了，不如互相背对方吧！"这个点子倒不错。我回答："就这样吧！"这只鬼好体贴，是个热心鬼。

鬼先背着我走了几里路，不一会儿，鬼就气喘吁吁地说："你真重，可能不是鬼吧？""应该是我刚死，所以比较重。"我随口编了个理由搪塞[1]，鬼竟然点头相信了，难道是个单纯的好鬼？

接着轮到我背鬼了，他几乎没有什么重量，果然人与鬼的差别就在这里。就这样，我们轮流背对方好几次，倒是相安无事。

我终于决定大着胆子试探。我问鬼："我刚死，不知道鬼都害怕什么呢？"鬼说："也没别的，只是要当心人类的口水。"真是个呆鬼！一下子就把弱点告诉我了。我在心里窃喜。

走着走着，看到了一条平浅的小河。我对鬼说："你先

---

1 搪塞：敷衍了事。

过去吧。"鬼走了过去，一点声响也没有。接着换我走，脚下的水却发出哗哗的水声。

我心里觉得糟糕，表面上仍然保持镇定。果然鬼开口问了："为什么会有声音？"我连忙回答："因为我刚死，不习惯渡水，别见怪。"鬼很满意这个答案。

宛市就近在眼前了，我手一伸，忽然将鬼打横了扛起来，然后加紧脚步往宛市狂奔去。鬼紧张地在我头上大叫："快放我下来！"我不理他，继续狂飙，只顾着往市场冲。

到了市场里面，我将鬼重重地摔在地上，鬼一着地，竟然变成一头羊。我开始大声叫卖："有鬼大拍卖！只有一只，要买要快！"我怕鬼变回来，又在他的身上吐了口水。很快就有人出价一千五百两。我一手拿钱，一手交货，便头也不回地离开了。

子桓，你说人比鬼可怕吗？看来似乎是这样的！

诗佳老师说

　　《定伯卖鬼》出自六朝时期的志怪小说《列异传》，传说是三国魏文帝曹丕所撰，曹丕字"子桓"，就是宋定伯说故事的对象。原文是以第三人称平铺直叙，到了本书，就改以宋定伯的第一人称叙述，更能忠实地呈现"人比鬼更可怕"的人性主题。故事里，宋定伯与鬼同行的过程一直在算计鬼，不断地猜测、盘算、套话，最后还将鬼给"出卖"了，讽刺意味十足，颠覆了人们对鬼的印象。

【漫画经典】

真是笨鬼！把弱点告诉我了。

没想到人比鬼更可怕！

有机智必有机心。

——西汉·刘向《说苑》

头脑灵活，可以随机应变[1]的人，必具有巧诈之心。出自《说苑》，此书按类编辑了先秦至西汉的历史故事和传说，并夹有作者的议论，借题发挥儒家的政治思想和道德观，蕴含哲理。主角宋定伯是极有机智的人，同时也很有机心。相关词是"随机应变"。

1　随机应变：临事能妥善变通处理。

㉗ 桃花源奇幻旅程

（东晋·陶渊明《桃花源记》）

【经典故事】

　　"自从秦氏逆人道，贤者纷纷避其世。"渔人一面撑起长篙[1]，向溪水深处荡去，一面继续对日高歌："……春蚕收长丝，秋熟靡王税。没有官欺凌……"苍凉的歌声飘扬在水面上，久久不绝。

　　这唱歌的渔夫名叫黄道真，时常在黄闻山侧的溪水间划船钓鱼，今日看天气正好，忍不住就高歌起来，词中说的是秦始皇暴虐无道、欺凌百姓的一段历史，传递出歌者对于没有暴政压迫的社会，着实心向往之。

　　此时正是东晋太元年间，武陵人黄道真这天顺着溪水划船，因为醉心于歌唱，不知不觉竟然忘记路程的远近。忽然小船转到一大片桃花林，只见桃树夹着溪流两岸，长达数百

1　篙：gāo，撑船的竹竿或木棍。

步；地上草色新鲜碧绿，坠落的花瓣繁多交杂，纷纷落下而成了桃花雨。道真为这片美景所迷，便继续提起竹篙，往桃林深处行去。

划了许久，终于来到溪水的发源处，往前望去没有桃林了，紧接着看见一座山，山上有个小洞口，隐隐有光亮自其中透出。道真就丢下小船，从洞口进去。刚开始洞口狭窄，仅能让一个人走过，走了几十步路后就渐渐宽敞起来。

又走了几步路，突然眼前一亮，前方竟出现大片广阔的田野，土地平坦开阔，房屋建置得整整齐齐，有肥沃的田地、美丽的春波碧草和桑树竹子。田间小路交错相通，村子的巷弄间都能听到鸡鸣狗叫的声音。人们来来往往耕田劳作，男女身上的穿戴完全不像东晋时代的人。老人和小孩脸上的神情是一副悠闲的模样，在这里人人平等、自给自足。

村民们看见道真，都很惊奇，连忙问他从哪里来？道真详尽地回答，也从村民的口中得知这里叫做"桃花源"。热情的村民邀请道真到自己家里，并且摆酒、杀鸡，作饭菜请客。其他人听说有陌生人来访，也都过来与道真攀谈。

村民表示祖先为了躲避秦朝的祸乱，带领妻儿和同乡人来到这与世隔绝的地方，从此就没有出去过了。他们询问现在是什么朝代？道真据实回答，但惊讶的是村民竟不知道汉朝，更不必说魏晋了。

于是道真耐心地说明从秦以后到魏晋期间，天下大势改变的情况，村民们听完都十分感叹。其他人各自邀请道真到自己的家中，拿出酒菜招待。几天后，道真很思念家人，就要告辞离去。村民嘱咐他："我们这些平凡人和平常的生活，不值得对外面的人说啊！"

道真出来找到小船，就沿着旧路回去，一路上处处作了记号，想日后带着家人重回桃花源隐居。然而当他回来寻找那片盛开的桃花林，却怎么都找不着，不知是否是溪水涨潮冲走了记号，从此再也无法找到之前的路。

南阳刘子骥[1]，是一位高尚的名士，辗转从朋友口中听到这件事，很向往这片与世无争的净土，于是兴冲冲地前往寻找桃花源，同样找不到，回家后心情郁闷，不久就病死了。唉，想在纷扰的人间寻求一片净土，是多么困难的事啊！

---

1 骥：jì。

诗佳老师说

寻找"人间净土"，是陶渊明《桃花源记》的重要宗旨。桃花源的景色美不胜收，在这里人人平等而且自给自足，令人心向往之。渔人黄道真的角色，就是带领我们进行一场华丽的奇幻旅程，塑造一个完美的境界，引起读者的好奇和兴趣。刘子骥的角色，则是表现一般人想追寻美好世界的心情，他因为寻访未果抑郁而死，侧面反映陶渊明失落的心情。故事里建构的完美世界并不存在，它在作者心中只停留于"理想"的阶段，是一个乌托邦、理想国。

【漫画经典】

> 奇踪隐五百，一朝敞神界。淳薄既异源，旋复还幽蔽。

——东晋·陶渊明《桃花源诗》

桃花源隐蔽了五百年，有一天被人寻获。这里淳厚的风气与世俗不同，所以隐蔽起来以免受外界污染。《桃花源记》是《桃花源诗》的序，诗中传达的内容与序相同，记叙一个乌托邦般的地方，此地是为了保护世人而存在，体现人们对"美好"的追求与向往，反映对现实的不满与反抗。相关词是"遁世离群[1]"。

1　遁世离群：逃避人世，远离群众，隐居。

28 眉间尺的复仇

（晋·甘宝《搜神记·眉间尺》）

怀孕的莫邪抚着隆起的肚子，除了知道丈夫已死之外，其余茫无头绪。

莫邪与丈夫干将是楚国的铸剑师，夫妇为楚王铸剑，三年后才完成雄雌两剑。因为拖延过久，楚王相当不满，想要杀害夫妇俩。

当时莫邪即将生产，干将不舍地对她说："楚王个性贪暴，这趟献剑恐怕凶多吉少。我将雄剑留给孩子，如果生男孩，长大后就告诉他：'出门望南山，松树生长在石头上，剑就放在树的背后。'"莫邪听了心痛如绞，但为了保全孩子，只好流着泪答应。于是干将拿着雌剑去见楚王。

果然楚王大怒，责备他的延迟，又派出懂得鉴定的人来看剑。那人回报："剑本是两柄，一雄一雌，现在只有雌剑在。"楚王震怒，就把干将处死了。莫邪得知丈夫的死讯，也只能忍住悲痛，独自将孩子生下来。

十几年后，莫邪的儿子赤比成为健壮的少年，他的眉间距离宽大，因此得了"眉间尺"的外号。有一天，赤比终于开口问母亲："我父亲到底在哪里？"莫邪只好含泪将丈夫的遗言告诉儿子。赤比想到父母的不幸，愤怒得紧紧握住拳头，决心报仇。

赤比反复琢磨父亲的遗言，就走出家门往南方看，并没有山，只见堂前的松树下，有一块大磨剑石，于是用斧头砍开，果然在后方得到雄剑。此后，他日思夜想的都是如何谋刺楚王。

这天夜半，楚王噩梦缠身，梦见一个长相特异的少年，他的眉间广阔，约一尺宽，手中拿着利剑，对楚王凶恶的说要报仇。楚王惊醒以后，大汗涔涔[1]而下，第二天就悬赏千金要买少年的人头。

赤比知道消息后，立刻逃走，一个人徬徨无助地到山里独行，想到伤心处就唱起悲哀的歌。有位剑客经过，忍不住问："你年纪轻轻的，怎么哭得这样伤心？"赤比就将事情的来龙去脉说给他听。

1　大汗涔涔：涔，cén。形容人汗流不止的样子。

剑客听完大怒，对赤比说道："我愿为你报这血海深仇！但是你得先将你的头和剑都交给我。"赤比看着剑客，相知之心油然而生，毫不犹豫地说："很好！便立刻举剑自刎[1]，他的头滚落在地，身体仍然站得挺直。剑客抚着赤比的头与剑，坚定地说："朋友，我决不辜负你！"尸身仿佛有灵，听了这话，才放心地倒下来。

剑客提着赤比的头拜见楚王，楚王大喜。剑客提议道："这是勇士的头，应当用汤锅来煮。"楚王就命人煮头。然而过了三天三夜都煮不烂，而且人头竟然跳出来，张开眼睛对楚王怒目而视，楚王感到惊骇。

剑客趁机说："人头煮不烂，想必是怨气太重，请大王亲自到锅边，以您的帝王霸气镇压，就一定烂了。"这话令楚王相当得意，于是走近锅边，剑客忽然迅速地抽出雄剑，斩下楚王的头，头便滚落汤锅里。

护卫们相当震惊，纷纷冲上前阻止，剑客立即举剑砍掉自己的头，头也掉进汤锅里。他要以死报答赤比的信任。

很快的，三个人头都煮烂了，没办法分辨出彼此。宫中的人只好倒掉汤，把煮烂的肉埋葬在一起，称作"三王墓"。

1　自刎：割喉咙结束自己的生命。

【漫画经典】

士为知己者死。

——《战国策·赵策一》

　　遇到完全了解和信任自己的人，即使只见一面，也可以为他牺牲性命。古代的仁人侠士，对人生价值的衡量，完全以精神为标准，甘愿为理念和正义舍弃利益或献身舍命，也愿意为了报答知遇之恩而舍生忘死。相关词是"肝胆相照[1]"。

1　肝胆相照：比喻赤诚相处。

㉙ 此物最相思

（晋·甘宝《搜神记·韩凭》）

【经典故事】

"红豆生南国，春来发几枝。愿君多采撷，此物最相思。……"

诗人伫立在温暖柔和的月色下低吟，沉思默想，原来是在感叹人世混浊，有情人难遇。他心想："人世间，是否真的有至情至性之人？"

蓝色的月光缓慢推移，映照到韩凭的家，这时月光有些寒意。宋康王的门客韩凭，最近娶了如花似玉的夫人何氏，夫妻俩美满的婚姻，羡煞众人。

何氏无法掩盖她的美丽，很快地，这般出色的容貌就传遍城内，也传到好色的康王耳中。康王仗恃位高权重，逼着韩凭献出夫人。韩凭自然不肯，于是康王就派人将何氏强夺进府内，更将韩凭囚禁起来，命他看守城门。

娇弱的何氏被软禁在康王府中，偷偷托人送信给丈夫，上面写着："其雨淫淫，河大水深，日出当心。"不料所托非人，这封信被康王得到。康王拿给左右臣子看，没有人看得懂。

大臣苏贺灵机一动上前禀告："其雨淫淫，是忧愁与思念很深；河大水深，指遭到阻隔，不能往来；日出当心，是有殉死之心。应当多注意夫人的安全。"苏贺因此得到赏赐。

过没几天，韩凭等不到妻子的音信，就自杀了。何氏被康王强占之后，原本就想要自尽，现在听说丈夫已死，更是失去活下来的理由。她心里一阵冰凉，反而哭不出来了，于是冷静地偷偷用药物腐蚀自己的衣服。

这天，何氏随同康王登台巡视，她站在高处往下看，头有点晕眩，大风吹得身子微微发抖。何氏低头在心里默念："夫君，我这就来找你了！"便纵身从高台跳下。侍卫们连忙伸手相救，但是手一碰到何氏的衣服，衣服就化为五颜六色的碎片随风飞去。何氏于是坠地而死。

侍卫在何氏的衣带里找到一封遗书，呈给康王，上面写着："大王要我活着，可是我却只求速死，但愿大王有怜悯之心，让妾的尸骨和韩凭合葬。"

康王十分恼怒，觉得没面子，就命人把这对夫妇分开埋了，使两坟遥遥相望，要他们做鬼也不得相见。康王更撂下一句狠话："你们夫妻如此相爱，如果可以使两座坟墓相合，我就不阻拦你们了。"说完，愤怒地打道回府。

没想到一夜过后，两座坟墓上忽然生出两棵大梓木，到第十天就长到两手合抱的粗细，两树的树枝弯曲伸向彼此，连树根也相互纠结在一起，枝叶彼此交错。更有一对鸳鸯栖息树上，似乎就是韩凭夫妇的化身，它们日夜都不离去，交颈悲伤地鸣叫，声音感人。

宋国人听说这件事，都为他们感到哀伤，于是称这两棵树为"相思树"，"相思"一词就由此而来了。

世间也只有这样至情至性的人，才能以生命谱写如此动人的爱情故事。

"问世间，情为何物？直教生死相许。"[1]古人认为情深到了极处，"生者可以死，死者可以生"，"生死相许"是极致的深情，除了死亡，没有任何力量可以把真心相爱的男女分开。就如故事中的韩凭夫妇，当爱侣已逝，另一个人怎能独活？于是何氏决心追随丈夫，从高台跃下殉死。何氏用行动回答了什么是"至情至性"，其实就是一个"信"字，信守对爱人的承诺，一生只爱对方一个。

【漫画经典】

夫君，我这就来找你了！

1　语出金人元好问的《雁邱词》。

名句经典

红豆生南国，春来发几枝。愿君多采撷，此物最相思。

——唐·王维《相思》

红豆生长在南方，春天来临时会发芽生长，但愿你可以多采一些，因为它象征了我的思念。红豆长得与人的心相似，犹如两颗交叠的心，象征爱与情的缠绕，因此，爱情成就了一颗颗红艳欲滴的红豆。相关词是"相思如豆"。

㉚ 才德兼备的许允妇

（南朝宋·刘义庆《世说新语·许允妇》）

【经典故事】

　　新娘宛如一尊雕像，独自坐在空荡荡的新房。她身着大红紧身袍袖上衣，绣着金烟纱的散花裙，腰间用金丝软烟罗[1]系着，鬓发低垂，眉目间隐然有书卷气，然而她的相貌却是丑的。

　　许允的新娘是阮共的女儿、阮德如的妹妹，家世好，但长相特别丑，许配给了官吏许允。新婚当天行礼后，许允掀开盖头见了新娘，大失所望，竟然怎样也不肯再进去了。许家人十分担忧，更怕得罪亲家。

　　新娘落寞地坐在床沿，不知如何是好，此时听见外头有客人来向许允道贺，便叫婢女去打听。婢女回报："是才子桓范来了。"新娘转忧为喜说道："那就不用担心，桓公子一定会劝他。"

1　软烟罗：丝织品，极薄，用以糊窗扇或作帐子。

果然桓范听完许允诉苦，便微笑说："天下的男子都爱美女，但阮家既然嫁个丑女儿给你，必有用意，你该好好地了解她。"许允便重入新房，但他见到新娘后，又拔腿想溜。新娘怕他可能不会再进来，便拉住他的衣襟强留。

　　许允很无奈，便问："女子该有四种美德：妇德、妇言、妇容、妇功，你有哪几种？"新娘扬起头说："我所缺少的只是美丽而已。可是读书人应该有的品行，您又有几种呢？"许允自信地说："样样都有！"新娘掩着嘴笑："君子最重视'德'，可是您爱色不爱德，怎能说样样都有！"

　　许允非常惭愧，同时对妻子的智慧佩服不已，从此夫妇俩便互相敬爱。

　　许允担任吏部郎时，任用了很多同乡担任官员，被人指他有培植势力之嫌。魏明帝曹叡知道了，就派遣宫廷的卫士逮捕许允。

　　许允的妻子见丈夫被抓，就光着脚急忙跑来对丈夫说："皇帝英明，可以用道理说服，却不能用感情打动。"许允将妻子的话牢记在心。

　　魏明帝盘问许允。许允说道："孔子说，要推举你了解的人。我的同乡正是我最熟悉的，您不妨考察他们的政绩，若不称职，臣甘愿受罚。"果然这些官吏都很称职，许允就被释放了，还受到赏赐。

后来许允被任命为镇北将军，高兴地对妻子说："往后我不必再担心了。"妻子却眉头深锁地说："我看祸事正要由此而生。"

当时司马师、司马昭兄弟专权，许允密谋杀司马师，但还没发兵就受到其他事件的牵连而下狱。许允被收押后，他的学生急忙赶回来通报，许允妻却平静地说："早知道有这样的结果。"

许允终于被杀。学生们担心司马师想斩草除根，便要将许允的两个儿子藏起来。但许允妻阻止他们，说："不必安排儿子们的事了。"她不逃跑，而是带着儿子搬到丈夫的墓地旁去住，所有人都想不透她的用意。

司马师果然派钟会去探视许允的儿子，想了解他们的才干，并交代："他们若提起父亲，就抓去关。"许允的儿子们很担心，但许允妻镇定地说："你们的品德才学算不错，但并非出色，只要坦率地与钟会交谈就没事了，不必表现极度的悲伤，也不可以过问朝廷的事。"

儿子们听从母亲的话，钟会果然认为他们才识平庸，对政治也没兴趣，不会造成威胁，就没有再谋害他们。许允的儿子能免遭杀害，完全得自母亲的智谋。

诗佳老师说

从现代的观点看，许允妻被认为是有智慧的女子、古代的新女性，但当时女性的价值，受到传统"三从四德[1]"的限制，这是社会施加于女性的道德束缚，许允妻也没有跳脱出来。许允妻其实是传统社会的普通妇女，但是才德兼备，她自知其貌不扬，在许允面前坦言自己的缺点，表现自信，并严正表示自己除了容貌以外，妇德皆备；而许允在妻子指出他"好色不好德"的缺点后，也能坦然认错，确实是一位有德的君子。

【漫画经典】

君子的品德，我样样都有。

您好色不好德，嫌我丑，怎能说样样都有？

---

1 三从四德：三从指在家从父，出嫁从夫，夫死从子，四德指妇德、妇言、妇容、妇功，是旧时社会妇女应具备的德行。

吾未见好德如好色者也。

——《论语·雍也》

我从没见过喜爱道德像喜爱女色的人，意思是：人都是喜爱女色超过喜爱道德的。孔子以自己的亲身感受和观察发出叹息，指出饮食男女是人性的一部分，但是君子能重视道德修养，胜过对欲望的追求。相关词是"好色之徒"。

唐
TANG

🄌 泥水匠王承福

（唐·韩愈《圬者王承福传》）

【经典故事】

粉刷墙壁这种手艺，卑微而且辛苦，但是王承福却好像很满意这份工作。

韩愈偶然认识了泥水匠王承福，听他说话简单明白，意思却很透彻，不禁好奇地问他："听你谈吐不凡，不知你的家世背景如何呢？"

王承福擦拭着沾满油漆的手，说道："我的祖先是长安的农民。安史之乱时，国家征求百姓当兵，我就入伍了，手拿弓箭战斗了十三年，有官家要给我官勋，但是我放弃了，于是回到了家乡。因为战乱，我失去了田地，就靠着拿粉刷维持生活，这样过了三十多年。我曾寄住在工作的屋主家里，根据当时房租、伙食费的高低，把粉刷墙壁的工钱归还给主人。如果还有工钱剩下，就拿去给流落街头的那些残废、贫病、饥饿的人。"

韩愈微微点头。

王承福淡淡地说："我是靠自己的力量谋生。粮食是人去种才长出来的。布匹丝绸，一定要靠养蚕、纺织才能制成。其他用来维持生活的物品，也都是靠人劳动才产生的，我都离不开它们。但是人不可能样样都亲手制造，最好就是各人尽各自的能力，互相合作来求生存。"

他话锋一转，忽然严肃起来道："所以国君的责任是治理我们，让我们能生存，官吏的责任是听从国君的旨意教化百姓。责任有大有小，但都要尽自己的能力去做，好像容器的大小虽然不一样，但是各有各的用途。如果光吃饭、不做事，老天一定会降下灾祸，所以我得相当勤奋，不敢丢下粉刷出去享乐。"

韩愈很惊讶，没想到这位泥水匠的见识如此不凡。

只听王承福又道："粉刷墙壁是比较容易掌握的技能，可以努力做好，有确实的成效，还能得到应有的报酬，虽然辛苦却问心无愧，所以我心里很坦然，力气就容易使出来。人的头脑却很难勉强获得聪明，所以靠体力工作的人被雇用，用脑力工作的人雇用人，也是应该的。我只是选择那种容易做、又问心无愧的工作来取得报酬哩！"

王承福忽然感叹起来。原来他到富贵人家工作，已经很多年了，有的人家他只去过一次，下回再从那经过，房屋已经成为废墟了。有的他曾去过两、三次，后来经过那里，发现也成为废墟了。他向邻居打听，有的人说："屋主被判刑杀掉了。"有的人说："屋主已经死了，可惜子孙不能守住遗产。"也有的人说："人死了，财产都充公了。"

几十年下来，王承福真的看清了世情，也看淡了人间的变化无常。

他对韩愈说道："那些人的遭遇，不正是偷懒怠惰，所以遭到了天降的灾祸吗？不正是勉强自己去做才智达不到的事，选择与才能不相称的工作，而要占据高位的结果吗？不正是做了亏心事，明知不行，却勉强去做的结果吗？也可能是富贵难以保住，少贡献却多享受造成的结果吧！也许是富贵贫贱都有一定的时运，来来去去，不能经常拥有吧？我怜悯这些人，所以选择自己能做得到的事情去做。喜爱富贵，悲伤贫贱，我难道与一般人不同吗？"

他又道："贡献大的人，他用来供养自己的东西多，妻子儿女都能自己养活。我能力小，贡献少，没有妻子儿女也可以。再说我是个靠体力工作的人，如果成家而能力不够养活妻子儿女，那也够操心的。一个人既要劳力，又要劳心，就算圣人也做不到啊！"说完，王承福安静了片刻，又继续拿起粉刷子工作去了。

韩愈听了这番独特的观点，忽然有所醒悟，每个人都该做自己适合的事情，并敬业地去完成，于是决定为泥水匠王承福作传。

诗佳老师说

王承福有难能可贵的地方。第一，有功不居。王承福身为军人时，为国家出生入死，退伍后却不领功勋，对做官没有野心，甘愿回到故乡自食其力。第二，有职业道德和敬业精神。他每天努力工作，认为有劳动才有收获，必须勤奋而不能贪图享乐，在工钱上对雇主也十分诚实。第三，有怜悯心，愿意付出。他自己从事辛苦的行业，赚取微薄的收入，却还能够将多余的钱送给更穷苦的人；不愿妻儿跟自己受苦，因此一生不愿成家。这是王承福使人敬佩之处。

劳动才有收获，人不能贪图享乐，要有怜悯心。

先生使人佩服。

食焉而怠其事，必有天殃。

——唐·韩愈《圬者王承福传》

如果光吃饭不做事，一定会有天降的灾祸。喜欢轻松而讨厌辛劳，这是人性的趋向，但是事理却正好相反，人如果太放纵就容易怠惰，辛劳勤奋则能累积出成就，并从劳动的过程中找到自己的价值与快乐。相关词是"刻苦耐劳"。

32 少年勇士区寄

（唐·柳宗元《童区寄传》）

【经典故事】

区¹寄醒来时，发现自己被绑在椅子上，眼前两个强盗死盯着他看。他环顾四周，这房间非常阴暗和破旧。他动了动已经麻木的手脚，心想："我只能靠自己逃出去了。"

区寄是个砍柴放牧的孩童。某天，他一边放牧，一边砍柴时，忽然有两个强盗窜出来，把他的双手反绑到背后缠起来，并迅速地塞了一块布堵住他的嘴，打算带到四十多里以外的市场上将他卖掉。

区寄虽然担心害怕，但他从小就对本地的恶劣治安相当熟悉。越地的人民天性薄情，父母往往将孩子当作货物看待。当孩子七八岁以后，许多父母就为了贪图钱财而卖掉孩子，假如这些钱不能满足贪欲，就去偷别人的小孩来卖，所

1　区：ōu，姓。

以越地的人口越来越少，很少有孩子能逃得过当奴隶的悲惨命运。

于是区寄很快地冷静下来，他开始假装啼哭，做出恐惧发抖的模样。两个强盗看他弱小的样子，就不把他放在眼里。他们面对面喝起酒来，大声谈笑、划拳，最后喝得醉醺醺的。

其中一个人拍拍衣服站起来，说要去找买主，就出门了；另一个人喝醉了，便躺下来睡觉，把明晃晃的刀顺手插在身边，距离区寄很近。

区寄默默地观察，等强盗睡着了，就把绑手的绳子靠在刀刃上，用力上下来回地割，忙得满头大汗，终于割断了绳子。于是，他毫不犹豫的拿刀杀死睡梦中的强盗，拔腿就跑。可惜区寄才逃走不久，又被回来的另一个强盗抓住了。

这强盗见同伴死了，大吃一惊，立刻就要杀死区寄。区寄急忙说："一个主人独占一个仆人，比两个主人使唤一个仆人好多了。死了的强盗对我不好，如果你能保全我的性命，好好对待我，我就随你怎么处置。"

强盗心想："与其杀了这个孩子，不如卖掉他；与其卖掉他，两个人分钱，不如我一个人独得。幸亏这孩子杀了他，很好！很好！"于是强盗埋葬了同伴，押着区寄到旅馆住下，准备隔天将他卖了，为防万一，还将区寄绑得更紧。

好不容易熬到深夜，区寄偷偷地转动身体移近炉火，将绑手的绳子烧断，也不管手被烧伤，顾不得疼痛了。他轻轻地接近强盗，迅速地取刀，手起刀落杀死了强盗，然后大声呼叫，把整个集市的人都惊醒了，大家纷纷跑来看究竟。

区寄对围观的人说："我是区家的小孩，不应该做奴隶。有两个强盗绑架我，幸好我已经杀掉他们了，希望能通知官府。"所有的人都很惊讶。

官吏就把这件事情报告州官，州官又报告给上级官府。官府的长官见到区寄时，也很惊奇，想不到杀死两名强盗又成功脱困的，竟是这样年幼老实的孩子！刺史颜证认为这孩子很了不起，想留他做个小吏，但区寄不肯，刺史只好送些衣服给他，然后派官吏护送他回家。

后来越地的强盗们听说了这件事，都吓得不敢从区家的门口经过，江湖上纷纷流传："这孩子比跟随荆轲刺秦王的秦武阳[1]还小了两岁，竟然杀了两个强盗，我们怎能去招惹他呢？"

1　秦武阳：十二岁时犯下杀人案，燕太子丹找到他，派他随荆轲去刺秦王，但他见了秦王脸色就变了，以致事败。《史记》没有记载他的下场，可能也被杀害了。

从此，十一岁的少年区寄，就凭着勇气与智谋，成为了越地的传奇人物。

诗佳老师说

"自古英雄出少年"，区寄被绑架后，善于抓住时机，利用强盗"黑吃黑"的矛盾心理，杀盗自救，表现出少年英雄机智勇敢的性格，和不畏强暴的战斗精神，也反映出当时唐代黑暗腐败的社会现象。柳宗元被贬到柳州时，当地人烟稀少，是个民不聊生很落后的地方，社会非常不平等，许多人为了求生存，不惜贩卖自己的孩子给人当奴隶，然而当政者却只顾私利而不顾百姓的痛苦，因此柳宗元藉由这篇文章，反映他对社会的观察及对英雄拨乱反正[1]的期待。

1　拨乱反正：除去祸乱，归于正道。

【漫画经典】

知者不惑，仁者不忧，勇者不惧。

——《论语》

　　有智慧的人不会迷惑，有仁德的人不会忧愁，勇敢的人不会畏惧。孔子说，一个人要达到完美的人格修养，智、仁、勇缺一不可。智慧不是知识、不是聪明，而是面对人生的能力；有仁心的人，不会受环境动摇，没有忧烦；大勇的人，没有什么好怕的。但真正的仁和勇，都与大智慧并存。相关词是"智勇双全"。

33 死亡与赋税

（唐·柳宗元《捕蛇者说》）

【经典故事】

永州的野外有一种奇异的蛇，黑底，白花纹，它碰到草木，草木全都干枯而死；如果咬了人，就没有治愈的办法。但是捉住它以后，将它晾干做成药饵，可以治疗麻疯病、手脚弯曲不能伸展的病、脖子肿大的病和恶疮，还可以去除坏死的腐肉，杀死人体内的各种寄生虫。

宫中太医遵照皇帝的命令，每年两次向民间征收这种蛇，还招募能够捉蛇的人，准许他们用蛇来抵税。于是，永州的人都争先恐后地捕蛇去了。

蒋家人独享捕蛇而不纳税的好处，已经三代了。

我问蒋先生这件事，他却低头不语，过了好一会才说："我祖父死在捕蛇这差事，我父亲也死在这件事。现在我继承祖业也已经十二年了，好几次差点被毒蛇咬死。"他说话时的神情很悲伤。

我很同情他，就说："你怨恨这差事吗？我可以告诉管这事的官吏，让他更换你的差事，恢复你的赋税，怎么样？"

蒋先生听了更加悲伤，满眼含泪地说："您这不是让我活不下去吗？我捕蛇的不幸，远比不上恢复赋税的不幸啊！如果当初我不做这差事，早已困苦不堪了。"说着说着，就痛哭流涕起来。

他接着说："我家三代住在这地方，已经六十年了，眼见乡邻的生活一天天地窘迫，把他们土地上生产出来的、家里的收入全部拿去交税，仍然不够，只好被迫哭着搬家。他们又饥又渴，劳累地跌倒在地上，一路上顶着狂风暴雨，冒着严寒酷暑，呼吸瘟疫毒气，死人的尸体一个个叠着。"

"从前和我祖父同住在这里的，十家中只剩不到一家；和我父亲住在一起的，十家剩下不到两三家了；和我一起住了十二年的邻居，十家中只剩不到四五家。他们不是死了，就是逃走了。可是我却因为捕蛇活了下来。凶暴的官吏来到我的家乡，到处吵嚷叫喊，冲撞破坏；酷吏惊扰乡间，连鸡犬也不能安宁！"

"每晚，我小心谨慎地起身看看瓦罐，见蛇还在，就放心躺下了。我小心地喂养蛇，到规定献蛇的时候，把它献上去，回来就可以吃着我土地上生产的东西，过我的日子。我一年只有两次面对死亡的威胁，其余的日子都能快乐地度过，哪里像乡邻这样天天得面对死亡！现在我即使死在这差事上，比起乡邻已经好多了，怎么还敢怨恨呢？"

我听了蒋先生的诉说，心里更沉重、更悲伤了。

孔子说："残酷的统治比老虎还要凶恶啊！"我曾怀疑过这句话，现在从蒋先生的遭遇来看，确实是真实可信的。唉，谁知道苛税的毒害，比这毒蛇更厉害呢！所以我写下这篇文章，期待朝廷派出考察民情的人，并且能有所反省。

诗佳老师说

"毒蛇"是比喻，暗示当时还有比毒蛇更毒的东西，就是统治者的"苛税"。官吏的剥削与压迫，使百姓被迫冒死接受捕蛇的工作，他们宁可生活在死亡的威胁下，也不愿生活在暴政的统治下。故事反映了中唐时期人民的悲惨生活。作者为蒋氏的不幸而悲痛，好心提出了解决的办法，但出乎意料的是蒋氏并没有接受，因为毒蛇虽然可怕，但赋税之毒更可怕，揭示了统治者的苛政作为造成的巨大危害。

【漫画经典】

名 句 经 典

苛政猛于虎。

——东汉·王充《论衡》

残酷压迫剥削人民的政策，比老虎还要凶恶暴虐，比喻残暴的统治。苛政对民心的杀伤力，远远超过洪水猛兽。"君王是舟，人民是水，水能载舟，亦能覆舟"，民主时代的国家领导者，更应该以民意为依归。相关词是"暴政必亡"。

34 驴子的下场

（唐·柳宗元《黔之驴》）

【经典故事】

如果你是这头面对老虎的驴子，你会怎么做呢？是愚蠢无知的使出幼稚的伎俩[1]？还是坐以待毙[2]——虽然结果可能是一样的。

黔[3]这个地方，从来就没有驴这种动物，有好事的人某天突发奇想，用大船载了一头驴进入黔地，但是送到之后，却发现驴子在本地毫无用处，当地人都以马或牛等动物，作为主要的交通工具，于是就在山脚下把驴放生了。

驴每天无聊地在山里头走来走去。

这天，有一只老虎出来猎食，无意间看到驴，吓了一跳。老虎仔细观察驴，心想："这真是个巨大的动物！看它

---

1 伎俩：jì liǎng，手段；花招。

2 坐以待毙：形容面临危难，不积极发奋，坐等失败。

3 黔：qián，中国贵州省的简称。

的体型和马很像，但是耳朵很长，尾巴有尾柄，像是牛的尾巴。这个不像牛也不像马的怪物，真可怕！"

老虎很害怕，以为那是什么神奇的东西，于是就藏在树林中偷偷地观察驴。过了一会儿，老虎才慢慢地走出来接近它，十分小心谨慎，但仍然想不透它究竟是什么东西。

日子一天一天过去了，老虎经常这么窥视着驴。

有一天，驴忽然叫了一声，像是惨叫声一般非常难听。老虎惊慌地奔逃，跑得远远的，以为驴要从后面追上来吃掉自己，它非常害怕。可是当老虎停下脚步回头望，却发现驴还站在原地没有追上来，老虎又来来回回地观察它，觉得驴好像没有什么特殊的本领，心里就稍微放心了。

几次之后，老虎逐渐听习惯驴的叫声，就一天比一天更加靠近的观察它，而且时常在驴的附近走动，但终究不敢发动攻击。

又过了几天，老虎的胆子越米越大，越来越敢靠近驴，而且态度更加随便，经常戏弄驴，或者是碰撞、斜靠、冲撞、顶住它。

驴终于忍不住发怒了，提起它的蹄子就朝老虎踢去。老虎的行动矫健，这一脚自然踢不到它，老虎更因此高兴起来，它在心里盘算着："驴的本领只有这样而已啊！"

于是老虎肆无忌惮地跳起来，大声吼叫，声音在山林间回荡，震撼力十足。老虎迅速地扑上去咬断驴的喉咙，吃光它的肉，然后饱足地离开。

驴的体形高大，看上去似乎很有本事的模样，而且与生俱来有洪亮的声音，让它给人有本领的印象，如果驴不露出拙劣的本事，老虎虽然勇猛，也会因为怀疑惧怕而不敢吃掉它。现在落到这样的下场，真可悲啊！但是仔细想想，驴面对老虎的威胁，如果坐以待毙，恐怕连存活的可能性都没有，同时更令老虎瞧不起了。

诗佳老师说

柳宗元创作故事的目的，是在反映社会现实。故事讽刺的是当时朝廷中的高官显要，仗势欺人却无才无德的丑态，原文运用形象化的语言，描述了虚有其表的驴最后被虎吃掉的悲剧过程。故事中，虚张声势的驴终于做了虎的腹中物，那虚有其表的人会有什么下场，也就可想而知了。寓意警戒世人：人如果毫无自知之明，必然招来祸患，必须注重真材实学。此外我们也可以从"虎吃掉驴"的角度来理解寓意，对老虎来说，貌似强大的东西并不可怕，只要敢于冒险，加上深入观察及良好的谋略，就能战胜比它强大许多的事物。

> 纵无显效亦藏拙，若有所成甘守株。
>
> ——唐·罗隐《自贻[1]》
>
> 宁可没有明显的成绩也不冒进，避免因考虑不周而暴露缺点、引发祸患，如果能有所成，就算被人批评是守株待兔，也不放弃坚持的态度。比喻老虎狩猎的耐心，以逸待劳[2]绝对比毫无计划的行动更易成功。相关词是"黔驴技穷"。

---

1 贻：赠送，遗给。

2 以逸待劳：采取守势，养精蓄锐，待敌方疲倦、实力削弱时，再予以痛击。

宋

SONG

㉟ 英雄如梦，人生如戏

（北宋·欧阳修《新五代史伶官传序》）

【经典故事】

"曾宴桃源深洞，一曲清歌舞凤。长记别伊时，和泪出门相送。如梦，如梦，残月落花烟重……"

空旷的宫殿响起悦耳的丝竹歌声，乐声铿锵扬起，像一抹微风捎来了清凉；低吟浅唱中，歌女长袖一挥，随着节奏翩然起舞。

李存勖[1]斜倚龙座，闭目欣赏这曲由他亲手写成的《忆仙姿》，出众的才华，使他自小就受到皇帝的赏识。十一岁时，他跟随父亲出征得胜回来，进宫见唐昭宗，昭宗非常惊讶，直呼："这孩子相貌不凡！"然后轻抚着他的背："小儿日后必定是国家的栋梁，不要忘了为我唐尽忠！"

果如皇帝所言，当年十一岁的小儿，很快就长成了出

1　勖：xù。

色的栋梁。李存勖自幼就喜欢骑马射箭，胆识过人，体貌出众，经常随父亲李克用作战，同时也喜好乐曲、歌舞、戏剧，是个文武双全的少年英雄。

"后来父亲生病，快死了……"丝竹歌声忽然转为哭腔悲调。

李克用临死前，抖着双手，亲自交给儿子三支箭，说："梁王朱温是我的仇家，一直企图谋害我。燕王刘仁恭是我提拔的，却背叛我而归顺梁国。契丹耶律阿保机曾与我结为兄弟，后来也投靠梁来攻打我。这三件事是我一生的遗恨。现在为父交给你三支箭，不要忘记为你父亲报仇。"不久就与世长辞。

李存勖将箭收藏在祖庙，只要出兵打仗，便派遣属下祭告祖先，恭敬地取出箭来，装在锦绣织成的锦囊里，背在背后，在大军前方开路。

他先打败梁王的五十万大军；接着攻破燕地，将燕王父子活捉回太原，用绳子绑住；最后用小木匣装着梁国君臣的头，走进祖庙，将箭交还到父亲的牌位前，他那神情气慨，多么威风！九年后又大破契丹，将耶律阿保机赶回北方。

此时，后唐庄宗李存勖端坐在龙座上，睥睨天下，他已经完成了父亲的遗命统一北方，后唐时代正式开始。

"铿铿锵锵"，锣鼓丝竹响起。戏台上，生旦净末丑卖力表演，最耀眼的就是"李天下"。只见李天下面涂粉墨，簇新[1]的戏装衬托出魁伟身段，待乐声稍歇，他提起浑厚的嗓音喊道："李天下，李天下！"另一个伶人敬新磨忽然伸手打了他一个耳光，台下的观众都吓出一身冷汗，乐工停止奏乐，伶人们更是僵住不敢乱动，原来这"李天下"不是别人，正是庄宗所扮。

庄宗见戏演不下去了，感到无趣，就问敬新磨为何打他。

敬新磨说："李（理）天下的只有皇帝，你叫了两声，还有一人是谁呢？"庄宗大笑："有道理，但到了这台上，我就只是'李天下'。"随即立刻命人赏赐敬新磨，接着下令："咱们再演下去吧！奏乐！"

戏台上，伶人继续表演小人物的悲欢离合；戏台下，伶人受到皇帝宠幸，时常和皇帝打打闹闹、侮辱戏弄朝臣，群臣皆敢怒不敢言，还争着送礼巴结。庄宗又派伶人、宦官抢民女入宫，使得众叛亲离，怨声四起。

军士皇甫晖终于在夜里率先发难，人们纷纷响应。庄宗慌张地出兵，但还没见到乱贼，兵士就四处逃散了。君臣你看

1　簇新：极新，崭新。

我，我看你，不知能逃到哪里去，只能抱头痛哭。最后十几个乐官就将他们困住，庄宗身死国灭，被天下人耻笑。

祸患常积于忽微，而智勇多困于所溺。

　　　　——北宋·欧阳修《新五代史伶官传序》

　　灾难祸患经常是由细小的事情累积而成，有智勇的人往往因为他所沉溺的事物，而导致挫败。负责任的人，会在努力工作之余休闲赏玩，只有不负责任的人，才会过度迷恋享乐，而忘记应该做好的工作。相关词是"玩物丧志[1]"。

1　玩物丧志：指一味玩赏无益的器物，因而消磨了人的壮志。

36 天才不学成庸才

（北宋‧王安石《伤仲永》）

【经典故事】

这是一个神童的自白：

我的名字叫方仲永，从小就被当作天才。我出生在务农的家庭，祖先世世代代都是农家子弟，过着勤俭忙碌的生活。从出生后直到五岁，我都没有机会见到书纸笔墨，更不用说入学读书了。

在我五岁的那年，不知受谁的影响，我忽然哭着向爹娘要笔墨纸砚。父亲见我这般哭闹，觉得很惊讶，又拗不过我，只好就近向邻居借了一套文房四宝。没想到，我一提笔就立刻写了四句诗，还题上诗的题目和自己的名字。诗的内容主要是劝人奉养父母、团结族人。很快地，我的文章就被同乡的读书人传阅，每个人都佩服我的才气。

从那天开始，我家就变得异常热闹，整天拜访的人、车川流不息，经常有大人因为好奇心的驱使前来看我；有些人则是随便指定某件物品，要求我作诗，而我总能一挥而就[1]，从不令人失望。大人都说我写的诗内容深刻，文采绚丽，里面讲的道理都有可取之处。我因此获得众人的赞赏。

这种天生的才能，很快就传到县里去了，县里的人同样感到惊奇，就给我"神童"的封号，对我父亲也另眼相看，尤其是那些绅士、名流之辈，都十分欣赏我。渐渐地，有些附庸风雅[2]的大人，会招待我和父亲吃吃喝喝，或是给点金钱，请我为他们写诗。父亲认为有利可图，就时常带我去拜见那些富豪，我家的农田便就一天天地荒废了。

父亲非常喜欢四处炫耀我的才华，就放弃了送我上学的念头。至于我呢，小小孩儿哪里懂什么，大人要我怎么做，我就怎么做，而且成天被人夸奖，是多么荣耀的事啊！我的天分很高，这就是我的靠山，哪会想到上学读书呢？

几年后，我朝的文学家王安石先生听说了我的事情，就趁着回到故乡的机会，在他舅父家里和我见面，当时我已经十二三岁了。王先生是诗人，他便叫我作首诗来给他瞧瞧。我仍然一下子就完成了，但仔细一看，这些诗却没有像过去传闻

1　一挥而就：形容才思敏捷，落笔成章。

2　附庸风雅：缺乏文化修养的人，装腔作势地从事有关文化的活动。

的那么出色。我从王先生脸上的表情看到他的失望，而我内心也对自己失望透顶。

又过了几年，当我二十岁时，才华已经全部消失，跟一般人没什么不同了，所有人都为我感到遗憾，他们惋惜一个天才变成了平庸的人。这时王安石先生又从扬州回来舅父家，他向家人问起我，大家都摇着头说："方仲永已经和平常人差不多了。"消息传到我耳朵里，令我相当地失落。

后来，王先生写了一篇《伤仲永》的文章讲述此事，他认为我的聪明颖悟，是天生的好资质，这叫做"天才"，胜过普通有才能的人太多了，但仍然不幸成为普通人，都是因为爹娘没有让我受教育的缘故。他又说，那么一般人既没天赋，又不受教育，也就只能当个平庸之辈了。

读完王先生的文章，我感到懊悔不已，终于彻底了解自己为什么会变成平常人。从今天起，我要努力读书、求学，希望能找回失落已久的天分。

诗佳老师说

"伤"是可惜的意思，仲永有天分，只可惜未能受教育。庆历三年，王安石从扬州回临川时写下这个故事，通过"小时了了[1]"的神童，因父亲不当的做法，最后成了"大未必佳"的泛泛之辈[2]，说明人的天赋资质并非永恒不变，而是和后天的教育、学习息息相关，欠缺天分、不重学习的话，依然只是个平常人。一生务农的方父见钱眼开，突显出贪功求利对人才的危害。

【漫画经典】

1　小时了了：人在幼年时聪明敏捷，表现优异，长大之后未必能有所成就。
2　泛泛之辈：资质才能普通的人。

不学自知，不问自晓，古今行事未之有也。

——东汉·王充《论衡》

　　不学习就能掌握知识，不勤问就能理解，自古还没有这样的事。凭一己的能力与智慧的确不够，如果能以本身的才能作基础，加上好学，能力就会不断提升，将有更好的发挥。学问是累积而成，学习才能成才。相关词是"不进则退"。

�37 隐侠方山子传奇

（北宋·苏轼《方山子传》）

【经典故事】

方山了逍遥自在地徒步在深山里，没有人认识他。

幽深的林子里，那个窄小的茅草屋，就是方山子的房舍。他平日吃素，总是独来独往，不与人往来。他的头上带着高帽子，形状方方正正的，人们纷纷说："这很像是古代乐师戴的方山冠呢！"于是就称他为"方山子"。

回想方山子年轻时，很爱喝酒，纵情任性，非常仰慕汉代的游侠朱家[1]、郭解[2]的为人行事，他自己也是个喜欢使剑、挥金如土的游侠，乡里的游侠都推崇他。等他年纪大了却改变了志趣，开始发奋读书，想凭着文学来成名，可惜一直没有遇

---

1 朱家：秦汉之际的游侠，大量藏匿豪士及亡命之徒。季布被刘邦追捕时，他透过夏侯婴向刘邦进言，得赦免。以助人之急闻名关东。

2 郭解：汉代的游侠，对人以德报怨，厚施薄望，救人之命却不占功劳，因此在当地有很高的声望。

到赏识的人。

记得十九年前，我在岐[1]这个地方，见到方山子带着两名随从，神气地骑着骏马，身上藏着箭，在西山游猎。只见前方有一只鹊鸟冲天飞起，他便命令随从追赶射鹊，但是随从都没有射中。

方山子见状，立刻拉紧缰绳，一人一骑跃马奔驰，飞快地拉弓搭箭，一箭就射中了飞鹊，神技惊人。我们骑着马，聊起了用兵之道及古今的兴衰，谈话之间，他流露出充满自信的神情，自认为是一代豪杰。

方山子本名陈慥[2]，字季常，出身在功勋之家，照道理来说，他应该有官可做，如果他愿意置身官场，到现在已经声名显赫了。

洛阳城里那栋园林宅舍雄伟富丽，规模与公侯之家相同，就是方山子原来的住所。他家在河北还有田地，每年拥有上千匹的丝帛收入，足以让他的生活富裕安乐了。

然而他将这些名利财富都抛开，来到这个穷乡僻壤，是不是因为他对人生有了独到的体会呢？

1　岐：qí，地名。
2　陈慥：慥，zào。陈慥字季常，自号龙丘居士，宋眉州青神人。晚年弃宅第，庵居蔬食，戴方形高冠，人称方山子。妻柳氏性妒悍，慥以惧内闻于世。

我因为"乌台诗案[1]"被贬官，住在黄州，有一次经过岐亭，正巧遇到了方山子。乍见到他，我不敢相信自己的眼睛，说："哎，这是我的老朋友陈季常呀！怎么会出现在这里呢？"

　　方山子也很惊讶："这不是子瞻吗？你又为什么到这里来？"

　　我叹了口气，无奈地说："朝廷有人从我写的几首诗中，编造了罪名给我，说我讽刺皇上，差点就被定了死罪。现在是被贬到黄州来啦！"

　　方山子低头不答，过了一会，忽然仰天大笑起来，请我到他家去住。他家四壁萧条，陈设简单，但是他的妻儿、仆人都是怡然自得的神态，似乎很甘于贫贱。我感到十分惊异。

　　再回头看方山子，从年轻到现在，过了多少日子，他脸上那股英气勃勃的神色，依然在眉宇之间显现。我心想，这怎会是一个甘心在山中隐居的人呢？难道他真的看破世事、对官场厌倦了么？

　　方山子晚年隐居在光州、黄州的岐亭，放弃坐车骑马的

1　乌台诗案：元丰二年发生的文字狱，御史中丞李定、舒亶等人摘取苏轼《湖州谢上表》的句子和所作的诗句加以诽谤苏轼，因此苏轼被贬官于黄州。

富贵生活，抛弃过去穿戴的书生衣帽，真正做了隐士。我听说那附近有很多奇人异士，穿着破烂的衣衫，看似疯颠，其实深藏不露，方山子或许能见到他们吧！

诗佳老师说

苏轼用人称"我"，描述与方山子相遇、相识的经过，从方山子的人生经历，可以看到苏轼很赞赏他的性格和人生观。苏轼将自己与方山子对照：方山子文武双全，有远大的抱负，却得不到赏识任用，所以退隐明志；而苏轼虽然凭着才学为官，却受到小人陷害，险些丢了性命，被贬官到黄州。将两人对比，借以书写苏轼怀才不遇的感慨，也侧面道出他在饱经忧患后，看破世事的心情。

天地闭，贤人隐。

——《易经》

世道不好，贤人便隐居起来不问世事。隐士一向是朝廷征召的对象，宋代有假隐士装出不想做官的样子，其实很想当官，"终南捷径"一词就是讽刺假隐士。方山子则是真隐士，已达到了甘于贫贱、逍遥自在的境界。相关词是"进退有常[1]"。

---

1 进退有常：前进和后退都有规律。

明

MING

38 顺应自然的生存哲学

（明·刘基《司马季主论卜》）

【经典故事】

东陵侯在秦朝灭亡以后，就被废为平民了，家境贫困，靠种瓜为生，他的"东陵瓜"有五种颜色，滋味甜美，远近驰名。

但是这种日子过久了，东陵侯便不甘寂寞起来，很想寻求东山再起的机会，于是便去拜访司马季主，请他卜卦算命。司马季主不只是名气响亮的算命师，他为人贤明，相貌才华都相当出众。

东陵侯见了司马季主，就叹口气说："人啊，躺卧的时间长了就想起来，沉潜独居久了就想出去走走，胸中气闷了就想打个喷嚏。听说，任何事物累积太多就要宣泄。冬去，春来；有起，就有伏，这些都是自然的现象。但是我却还有一些疑问，希望得到你的建议。"

季主微微一笑，说道："既然您已经明白万物变化的道理，又何必算命呢？"

东陵侯连忙摇手说道："不，我还没了解其中的奥妙，希望先生尽力开导。"其实东陵侯想了解自己被废为平民后，是否还有机会再起？

季主沉吟了一会，叹口气说道："唉！天道和谁亲近呢？只和有德的人亲近。鬼神怎么会灵？是靠着人们相信才灵。算命用的蓍草¹是枯草，龟甲只是枯骨，都是没有生命的物。但是人是万物之灵，为什么不相信自己，却要听从这些占卜之物呢？况且，您为什么不想想过去？有过去的因，就有今天的果。现在所拥有的很美好，但未来总有凋零的一天。"

司马季主柔和的语声，唤起了东陵侯的想象，他的眼前仿佛出现华丽的歌楼舞馆，倏忽之间崩塌了，成为断壁残垣²；过去自家庭院繁花似锦的园林，颜色渐渐淡了，萧条了，陈旧而荒废了。

东陵侯似乎听见风露中的虫鸣，过去耳边聆听的是乐队演奏的美妙佳音，而今只剩下虫声，这是何等凄凉！想到自己过去富贵时享受的金灯华烛，餐餐食用的象脂驼峰等名贵食

---

1 蓍草：蓍，shī，古人取它的茎来占卜。
2 断壁残垣：破败倒塌的墙壁，形容景象荒凉。

物，以及身上穿的绫罗绸缎，他不禁感叹而有所领悟："是啊！过去没有的而现在拥有了，并不算过分；过去曾经有过的但现在失去了，也不能算是欠缺，有得、有失，这都是自然现象。"

想到这里，东陵侯的心逐渐平静下来了。

司马季主微笑说道："这些道理您已经知道了，何必还要我占卜呢？"

诗佳老师说

司马季主是一位算命先生，却不先说自己的占卜有多灵验，而是一开始就自我否定，说人比占卜之物还要灵，暗示鬼神之说不足信，表现他在思想上的进步。接着季主暗示东陵侯，对自身的处境要采取顺应自然的态度，不必感到困惑，也不必刻意逆势而为，这就是顺应自然的生存哲学。人生中有意气风发的精采，但也不能避免有低潮的时候，人应当了解这个道理，不要迷信，才不会忽略了自身应有的反省和作为。

【漫画经典】

天道何亲，惟德之亲。鬼神何灵？因人而灵。

——明·刘基《司马季主论卜》

　　天道和谁亲近？只和有德的人亲近。鬼神怎么会灵？是靠着人们相信才灵。司马季主的意思是：一个朝代或统治者如果失去德行，走向灭亡，那是很自然的定律，因为"以民为本"是千古不变的治国原则。相关词是"天道酬勤"。

㊲ 挂羊头卖狗肉

（明·刘基《卖柑者言》）

【经典故事】

　　杭州有个卖水果的摊贩，很擅长贮藏橘子，能使它们经过一年也不会腐烂，把它拿出来，依然是色彩鲜艳的样子，玉石般的质地，黄金似的颜色，拿到市场上卖，售价比一般橘子高出十倍，人们都争相购买。

　　我也买了一个想尝尝。把它剖开，却像有一股白烟扑向口鼻；再看里面，干枯得像破烂的棉絮。

　　我感到奇怪，就问摊贩：“你卖的橘子，是要用来盛在祭器里祭祀上天、在家招待宾客？还是用美丽的外表来愚弄那些傻子和盲人呢？太过分了，竟然干这骗人的勾当！”我越说越生气。

　　但卖橘子的人却笑着说：“我卖橘子已经有好多年了，就靠它养活自己。我卖它，别人买它，从来不曾有人说过什么，怎么只有您觉得不满意呢？世上有欺骗行为的人不少，难道只有我一个吗？您真是没有好好思考这件事啊！"

摊贩不但不肯自我检讨，竟然还指摘我。

我正要发作，只听那摊贩又说："现在那些佩戴兵符、坐虎皮椅子的军人，一副威武的样子，好像是保卫国家的人才，但他们真的有孙武[1]和吴起[2]的谋略吗？那些戴着高帽子、系着大腰带的官员，一副高傲神气的模样，好像坐在高堂上能英明地做决策，但他们真的能够建立伊尹[3]和皋陶[4]的功业吗？"

我感到惊讶，听出这摊贩说的话似乎颇有道理，气也渐渐消了。

摊贩又说："现在盗贼四起，他们却不懂该怎么抵御；百姓陷入困境，他们也不懂怎样救助；官吏狡诈不懂怎样禁止，法度败坏不懂怎样整顿，白白浪费国家粮食却不知羞耻。"

他生气地说："看看那些坐在高堂上，骑着高头大马，

1　孙武：字长卿，齐人，春秋时兵法家。吴王阖闾用为将，破楚，威逼齐、晋，遂霸诸侯，著有《孙子》十三篇。

2　吴起：战国时卫人，仕魏文侯，领兵击秦，拔五城，拜西河守。著有《吴子》六篇。

3　伊尹：名挚，商初的贤相。

4　皋陶：相传为舜之臣，掌刑狱之事。

喝着美酒、饱食的人，哪一个不是外表威风凛凛令人害怕又显赫得让人羡慕？他们哪一个不是金玉其外、败絮其中呢？您怎么不看这些，却来指责我？"

我听了只能沉默，实在找不出话来回应。回家后思考这摊贩说的话，感觉他像是东方朔[1]那种诙谐机智的人，难道他也是对世事愤慨，所以假借橘子来讽刺的吗？

诗佳老师说

　　故事点出了外表与内在的差异，主要藉由卖橘者的话，讽刺欺世盗名[2]的文武官员，提醒人们应注意表面底下的假象。作者的写法别开生面，先是悠闲自在地买水果，然后因为买到烂橘而生气，进而逼出卖橘者的"真心话"，揭示了当时盗贼四起、官吏昏庸、民不聊生的社会现象。最后留下省思：卖橘者本身就充满了贪婪，要是没有迷恋表相的消费者，怎会有制造假相的摊贩呢？

1　东方朔：西汉辞赋家，性格诙谐，滑稽多智，常故意以滑稽风趣讥评朝政，不惜触犯武帝。
2　欺世盗名：欺骗世人，盗取名誉。

【漫画经典】

金玉其外、败絮其中。——明·刘基《卖橘者言》

外表像金玉美丽珍贵，里面却只是破棉絮而已。比喻外表漂亮，内在破败。用来表达贬义，常用来形容某些华而不实、毫无学识内涵的人，他们虚有其表，实质却是一团糟，提醒我们应要能够分辨真假。相关词是"表里不一"。

➍⓪ 小病不医，成大病

（明·方孝孺《指喻》）

【经典故事】

浦阳县青年郑仲辨，长得就像一尊高耸英挺的雕像，拥有健美壮硕的身材，脸色红润而有光泽，一副气色饱满的样子，从未生过病。

有一天，他发现左手的拇指竟然冒出一粒红色的小疹子，突起来有如米粒般大小，他感到疑惑，于是到处问人。人们见了疹子，却指着他哈哈大笑，认为那是不重要的小毛病。他也就算了。

过了三天，郑仲辨手指上的红疹越长越多，渐渐聚集起来宛若钱币大小，如暗疮般的红疹，就像打在手指头上的红印子，令人怵目心惊。

郑仲辨心里更加恐慌，于是又到处询问别人的意见，但人们看了疹子后的反应，依旧是满不在乎地大笑，觉得他真是个"穷紧张"。

又过了三天，郑仲辨的拇指肿得极大，大到手掌几乎可以将它握满的程度了，而且靠近拇指的食指指头，也跟着疼痛起来。

郑仲辨痛苦极了，手指患部如同被针刺、被刀割那样，他每天受着苦刑，四肢、心脏、脊椎骨无处不痛。他害怕极了，这才去请教医生。

医生看诊完毕，皱起眉头，非常担心地对郑仲辨说："这种病最奇特的地方，就是虽然症状出现在手指，但其实病人早就一身都是病了，如果不尽快治疗，可能会危及生命。"郑仲辨吓得傻了。

接着医生半认真、半恐吓似的说："这病啊！刚发病时治疗，一天就可以治好；发病三天再治疗，大约过十天就能治愈；但现在病症已经形成了，没有三个月是不能治愈的。病发一天的疗法，用艾草就可以医治；过十天，用药物也可治好；等到病症形成，甚至将要蔓延到肝膈等内脏时，恐怕会导致你的一条手臂残废啊！必须内外兼治，才能彻底解决问题。"

医生的这番话，只听得郑仲辨满头汗水涔涔流下。

从这天开始，郑仲辨听从医生的诊断，每天内服汤药、外敷药物，两个月后果然痊愈了，三个月以后，终于恢复了原有的气色与精神。

小病不医，就成大病，类似郑仲辨的例子实在太多了，人们应该要引以为鉴啊！

诗佳老师说

指喻，就是以"手指上的病"为比喻，透过主角的拇指生病未能及时治疗，差点酿成大患的经过，说明天底下的事情，往往在人们最容易疏忽的地方发生，最后酿成大灾害。一般人的心态是：刚开始认为没有必要处理，最后却弄到不可收拾的地步，原因无他，当祸患最容易被处理时，人们总不肯花一点点的时间去关心，反倒疏忽而不理会；等到祸患形成，就必须白白地耗费许多时间和脑力，才能勉强克服。不能及时处理问题，将会形成大害。

天下之事，常发于至微，而终为大患。

——明·方孝孺《指喻》

天底下的事情，往往在最容易疏忽的地方发生，最后酿成大灾害。就像人生病，轻微时不采取对策抑制，等到病重再治疗就困难了。人的德行修养也是，要谨慎地自我要求、克制坏念头才行。相关词是"防微杜渐[1]"。

---

1 防微杜渐：防备祸患于萌芽，杜绝乱源于开端，也就是防患于未然。

㊶ 深藏不露真豪杰

（明·宋濂《秦士录》）

【经典故事】

"哞、哞"，两头牛正在格斗，鼻孔外掀，粗鲁地喷出热气，两对牛角紧紧的纠缠在一起，谁也不肯放过谁。人们只能远远地观望，不敢分开它们，唯恐畜牲不长眼，一不小心会被牛踢死或是重伤。

此时，邓弼忽然跳了出来，他身高七尺，目光锐利如电般散发紫色的光芒。只见他将双拳重重地打在牛背上，牛立刻筋骨断裂，身躯仆[1]倒在地，人们看了都骇异不已。

陕西人邓弼是个豪侠之士，天生勇力过人，市场门前有个鼓形的大石，十个人一起抬都抬不动，可是他光靠两只手，就可以举起大石来回走动，像没事一样。

有一天，邓弼独自坐在酒楼喝酒，仗着酒意，便开始乱

1　仆：跌倒而伏在地上。

发脾气，怒目横眉的模样，每个人见了都吓得躲开。

邓弼正想找人麻烦，恰巧此时萧、冯两位书生从楼下经过。邓弼见到他们，不禁"怒从心头起，恶向胆边生"，立刻下楼将两人拉进去，逼他们喝酒。

两个书生平时就看不起邓弼，极力抗拒。邓弼愤怒地喝道："你们若不肯依从我，我一定杀了你们，再改名换姓、亡命天涯，绝不能忍受你们的轻视。"两人只好顺从他。

邓弼自己先坐上中间的座位，指着左右的空位，要两个书生坐下；他一面喝酒，一面唱歌，自得其乐，书生则在旁边吓得簌簌发抖。喝到醺醺然的时候，邓弼便把上衣解开来，伸直了两腿坐着，又"呛"的一声拔出明晃晃的刀来，放在桌上，吓得店内所有的客人纷纷躲避。

书生两人也惊得魂飞天外，他们平常就知道邓弼酒后会任性使气，便想站起来逃走。

邓弼却将手一伸，拦住他们说："别走！我好歹也读过书，你们凭什么把我看得这么卑贱？今天我不是找你们喝酒的，只是想发泄心里的闷气！现在经史子集随便你们问，我如果答不出来，就用这把刀自杀！"

萧、冯两人面面相觑，说："真有这种事？"他们心想这莽汉哪里读过书，于是选取七部经典中的数十条经义来问他，邓弼却把七经的传文和注疏列举出来，毫无遗漏；书生又考邓弼历代的史事，他竟能将古今三千年的历史，滔滔不绝地答出来。

邓弼笑着说："你们服不服啊？"两书生神情沮丧地相互对视。

邓弼仰头将酒一饮而尽，把碗摔在地上，披头散发状似疯人，跳着脚说："我今天胜过饱学的书生了！古时学者读书的目的是培养正气，现代人穿上读书人的衣服反而死样活气，只知道在文章上竞争，却轻视当代豪杰，这怎么可以呢？你们走吧！"

两书生一向自视甚高，听了邓弼的话，非常惭愧，连滚带爬地逃下了楼，回去后向邓弼的朋友打听，却从来也没人看过他拿着书本诵读。

诗佳老师说

　　真正的豪杰重视自己的人格气节，他们深藏不露，从不肤浅的炫才。很多自认很强的人，即使在争斗中获得胜利，也只是两者之间的胜利；而豪杰的胸中藏着雄心壮志，有天必能突破一切障碍，而至其所欲达到的境界，这才是真豪杰。故事里的邓弼文武双全，但因为他生性刚直，加上官场的钩心斗角，使原本有意报效国家的邓弼，只好遁入山中当道士。作者撰写这篇文章，是为有志之士受到轻贱而抱不平。

【漫画经典】

你们只知死读书却瞧不起人，可恶！

没想到这莽汉竟然那么有学问！

出师未捷身先死，长使英雄泪满襟。

——唐·杜甫《蜀相》

出师征战还没成功便先病死，使古往今来的英雄，都为他泪湿了衣襟。诸葛亮壮志未酬，邓弼的命运也类似，他有远大的志向，想报效国家，可惜始终不被重用，退隐后过了十年就病死了，一生始终没有完成功业。相关词是"尽忠报国"。

清

QING

42 逆旅小子

（清·方苞《逆旅小子》）

【经典故事】

夜深了，旅馆依稀传来小孩子的哭声，一阵一阵地，哭得很凄惨，夹着大人的声音，在寒风中更显凄厉。旅馆里的客人被惊醒了。

那时正是秋九月，这位客人奉命出使边塞，刚从塞上返回京师，便在石槽这个地方过夜。

客人躺在床上，辗转反侧，无法入眠，因为这哭声实在令人揪心得疼。于是他披上外衣走出旅馆，看到隔壁有几位邻居摆了张桌子，坐在门口喝茶，就过去向他们询问："不知哭泣的孩子是谁？有什么可怜的身世？"

一位比较年长的邻居叹了口气，说："这是店主人的哥哥留下的孤儿。他们有一小块田地，牲口、农具和生活用品大体都具备，但是店主人怕这小孩儿长大后来分家产，所以不管他受冷挨饿，天天差遣他做苦工。到夜里就把他关在门外，寒风这么一刮，恐怕就活不成啰。"

这件事让客人一夜无眠。到了第二天早上，客人早早起床，故意绕到旅馆后面散步，果然见到了昨晚哭泣的小孩。

只见这小男孩的身体苍白瘦弱，模样很可怜，身上穿着破布单衣，没有鞋袜，赤裸着一双脚，脚趾和脚底都磨破了。再看看皮肤露出来的地方，青一块、紫一块，昨晚店主人凶狠地用鞭子抽打他，难怪小孩哭得这样凄惨。

客人感到忿忿不平，到了京师，就写了两封信告诉京兆尹[1]："应该发下公文，命令县里将店主人捉拿审问，让乡邻担保他以后能好好地对待小孩，然后再放他出去。"

信送出去以后，客人又奉命到别的地方办公了，也不知道京兆尹是否采纳了他的意见，更不知道小男孩后来怎样了。

第二年的四月，客人再次路过这里，向乡里人打听那家旅馆。乡里人却说："这孩子在那年冬天就死去了，店主人也突然死了，他的妻子儿女、田地房屋、牲口财物，通通归别人所有了。"

客人相当震惊，问他们："那么，县里的官吏曾经审问

---

1 京兆尹：官职名，指京师地区的行政长官。

过店主人吗？"

乡人回说："从来没有听说过。"

客人大叹："唉，小孩儿的性命，就葬送在这些无能的官吏手中了。店主人为了谋夺财产，狠心害死哥哥留下的孤儿，到头来，还不是得将财产拱手让人？"

诗佳老师说

方苞在原文中阐述了他的主张，他说从前先王用"道义"开导百姓，担心愚昧的人不明白，所以用"乡八刑"来督察百姓守法，对那些不孝父母，不顺从兄长，家庭不和睦，姻亲不和善，对朋友不讲信用，见别人有危难而不帮助的人，就按照刑法给予处罚，还要五户人家相互担保，有犯罪的话，便五家都牵连，以达到互相监督的目的。春秋时代管仲治国，也规定出现犯罪就要追究官吏的责任。从逆旅小子的事，就可看出清代当时世道的堕落。

天下之事，不难于立法，而难于法之必行。

——明·张居正《上疏明神宗实行考成法》

治理国家，不是难在制定法律规章政策，难的是令人民遵守法律。在张居正看来，国家的法律政策已经够多的了，明朝之所以乱，不在于没有法规，而是没人认真地遵守法规。不只百姓要守法，官吏更要守法。相关词是"奉公守法[1]"。

1　奉公守法：以公事为重，谨守法纪，不徇私舞弊。

㊸ 一日为师，终生为父

（清·方苞《左忠毅公轶事》）

【经典故事】

生命的遇合在于"交集"，有时这些"交集"可以改变人的命运。

左光斗到京城附近督察学政，负责那里的科举考试。这晚风雪交加，大街上空无一人，左光斗带着几个随从骑马出门，暗中进行查访。

走了好久的路，一行人经过一座古寺，见古寺环境十分清幽，便决定进去参访、休息。

古寺的厢房陈设简单，但颇为雅致。左公经过一间厢房，看到房里有个书生趴在桌上睡着了，旁边放着一篇文章，才刚打好草稿。

一时好奇，左公便拿起卷子来看，越看越惊奇，随即脱下自己穿的貂皮大衣，盖在书生身上，还替他关上门。出来后询问和尚，才知道那书生名唤"史可法"。

左公暗暗地将名字记在心里。考试那天，考场官员对考生一一点名，点到史可法的时候，左公特别注意看他，果然是那晚见到的书生，生得仪表堂堂；再细看卷子，文笔也是第一，就当面签署为状元。

左公请史可法来家中作客，让他拜见夫人，还当着夫人的面夸奖他说："我的几个儿子都很平庸，将来能继承我的志向和事业的，只有这位学生了。"

史可法深深感谢老师对他的赏识与恩情。

当时宦官魏忠贤掌握东厂，坏事做尽，左公和其他人反对魏忠贤，却不幸被捏造罪名陷害入狱。左公被拘禁到监狱时，史可法每天早晚都到门外偷看，可是宦官们戒备得很严密，令史可法相当着急。

很久之后，坏消息传来，史可法听说左公受了酷刑，就快死了，连忙拿了五十两银子，哭着向狱卒请求入见。狱卒被感动了，教他换上破衣草鞋，背着竹筐，拿着长铲子，打扮成清除垃圾的工人，带他进去探视左公。

史可法一进去，就看到左公靠着墙壁坐在地上，他的面颊、额头都已经焦黑溃烂，变的一团血肉模糊，左腿膝盖以下的筋骨都已经脱离了。

史可法难过得上前跪下，抱着左公的膝盖便哭泣起来。

左公听出是史可法的声音，可是眼睛被血黏住了张不开，就努力举起胳膊，用手指拨开眼眶，眼神有如火炬般明亮，愤怒地说："蠢材！这是什么地方？你敢来！国家的政事败坏到这个地步，我已经没希望了，你却轻忽自己的生命，天下大事还能依靠谁！快走，不用等坏人陷害，我现在就打死你！"

左公随即摸取地上的刑具，作出要丢击的样子。史可法闭口不敢发出声音，便跑了出来。后来他常流着眼泪说："老师真是铁石心肠啊！"

崇祯末年，史可法去打流寇张献忠，奉令防守凤庐道。每当有紧急状况，就几个月不上床睡觉，让将士们轮流休息，自己坐在营帐外面担任守卫，或者挑选十个健壮的士兵，让他们两人一组蹲坐在地上，背靠着他们；一个时辰过去，就换另一组来替代。

这种体恤士兵的心，令人感动。有人劝史可法休息，他就说："不行！我怕辜负朝廷，更怕对不起我的老师啊！"

史可法感念老师的恩情，每当带领军队经过彭城时，一定亲自到左公的府上拜访，问候太公、太母的生活，并在厅堂上拜见左夫人。

诗佳老师说

　　从小细节就能观察出史可法的为人，了解为何左光斗要提携这位学生：第一、刻苦学习。在风雪严寒的日子里，史可法仍在古寺中苦读不辍。第二、尊敬师长。史可法为左光斗被捕入狱而担忧，更冒险入狱探望老师，足见对恩师的关心；而在左光斗死后，史可法仍经常到左家问候老师的家人，有情有义。第三、尽忠职守。史可法打流寇时，尽心尽力，时常几个月不上床睡觉，更能体恤士兵，以身作则。老师虽然慧眼识英才，关键更在于学生自己十分争气。

【漫画经典】

名句经典

一日为师，终生为父。

——明·吴承恩《西游记》

哪怕只教过自己一天的老师，也要一辈子当作父亲看待。比喻学生尊重老师。老师除了授课外，更要做学生的表率；学生要学习老师的文化知识，也要学习道德为人，在师道尊严日渐式微的今天，值得省思。相关词是"良师益友"。

44 聪明的鱼

（清·林纾《湖之鱼》）

【经典故事】

林先生坐在西湖边上的茶馆里喝茶。

坐在窗户旁，看得到西湖的春波碧草。四周淡雅、幽静的气氛，使所有的嘈杂似乎都沉静下来了。他听着南屏晚钟，观赏雷峰夕照，望向苏堤春晓。

下垂的柳枝条儿半遮着窗口，眼前那一汪湖水深苍碧绿，宛若明镜，犹如被绿染过一样，底下有百余条小鱼正聚集在窗户下的水面之中，摇头摆尾的游动着，十分可爱。

林先生试着将肉干嚼碎，朝水面吐去，想要喂食这些鱼儿，借以取乐。

鱼儿纷纷聚拢过来争着抢食，一只叠一只，互相推挤，你争我夺好不热闹。可是它们一边争食，却一边游开了，只有三、四条小鱼一直在原地觅食而不走。

林先生觉得很奇怪，不懂那些鱼为什么要游开？于是便再次嚼碎肉干唾下，这次碎肉缓缓地沉入水底，而且黏结在茭白的根上，鱼儿就不再去吃了。

他一开始以为，鱼群游开是因为都吃饱了的缘故，可是他看见距离窗下一丈左右的地方，水面又泛起一圈圈的涟漪了，湖水不住地晃动，那些小鱼又像刚刚那样在争食其他的东西。

水底下热闹非凡。

林先生见了这番景象，顿时想到：

钓鱼的人在垂下鱼钩的时候，必定先以鱼饵来引诱鱼，如果鱼儿想要吃食，就会同时吞下钓钩，那就难逃一死了。但是时间久了，鱼儿便看穿了这些伎俩，它们知道凡是有饵的地方多半有钓钩。鱼儿真聪明啊！

林先生忍不住从"鱼"联想到"人"了：

在那些名利聚集的地方，人们也像鱼儿抢食一样，对功名利禄你争我夺，难道这其中没有一种"钓钩"，专门钓这些人"上钩"吗？

如果不趁着别人拼命争夺时，及时逃走，远离名利是非，最后可能就会遭到不幸。只不过能够脱钩而远走他方的，又有几个人呢？

诗佳老师说

　　原文在不到一百五十字的篇幅内，从观鱼抢食而兴起感悟，发表对现实人生的感慨，目的在于提醒追逐名利的人，不要为名利所诱惑而吞下钓钩，成为他人的俎上肉[1]。故事寓意深远，发人深省。鱼儿争食是出于生存的需要，而鱼不贪恋一处吃食，也是在险恶的自然环境中发展出来的生存法则。鱼儿尚且有警觉之心，何况是万物之灵的人？贪官污吏应该及早悬崖勒马，才不至落得身陷囹圄[2]的下场。

【漫画经典】

――――――――

1　俎上肉：俎zǔ，砧板上的肉，比喻无力抵抗而任人宰割的人。
2　囹圄：líng yǔ，监牢，监狱。

钓者将下钩，必先投食以引之。

——清·林纾《湖之鱼》

钓鱼的人垂下鱼钩之际，必先以鱼饵为引诱。林纾联想到鱼饵是功名利禄，钓鱼者便是社会上居心不良的人。鱼饵都是美味的，一如名利那般诱人，如果不能有所自觉，往往就堕入了争名逐利的无底深渊。相关词是"一网打尽"。

㊺ 千古奇女费宫人

（清·陆次云《费宫人传》）

【经典故事】

庄重美丽的费宫人，是崇祯皇帝赐给公主的侍女，今年才十六岁，照理说，还在天真稚气的时期，然而现在她却蹙着眉头，秀美的脸上充满了担忧。

近来流寇猖獗，皇帝非常忧心，费宫人便也跟着担心。有一天，她忍不住拉住皇帝的近侍王承恩问长问短。王承恩说："像你这样住在深宫的人，哪用得着知道。"费宫人却说："就是因为住在深宫，才必须提前知道啊！"王承恩感到讶异，认为费宫人不是普通的女子。

贼寇越来越猖獗，皇帝更担心了，费宫人问王承恩的次数也更多了。王承恩有些不耐烦，说："你为什么只问我呢？"费宫人说："因为别人都不关心皇上与政事，只有您尽忠职守，所以才问您。"

王承恩更加认为费宫人是奇女子，就问："上回你说要提前知道，是为什么？"费宫人说："假如真的发生不幸，当然只有一死殉国，不过我要报仇了才能死。"王承恩奇道："此话当真？"费宫人说："以后就知道了。"

另一个魏宫人，年纪比费宫人大些，也很端庄美丽，听她这样说便道："报仇很难，我怕做不到，如果大难真的来临，我只能一死表明心迹了。"王承恩暗暗纳罕[1]，认为魏宫人也是奇女子。

闯王李自成终于攻破皇城。王承恩将噩耗报告上来，崇祯皇帝与周皇后哭着告别，所有人都哭了，周皇后与袁贵妃上吊自尽，皇帝拿剑杀了许多妃子，又把长平公主叫来说："你为何要生在帝王家！"说完，就用左袖掩住脸，右手提剑砍去，如同切豆腐般砍断了公主的左臂。

公主躺在血泊中一时没死，皇帝看见亲生女儿的惨状，手不禁抖着，没有力气再砍，于是出宫在景山上吊自杀。王承恩从容地对着皇帝的尸身拜了几拜，也殉死了。

宫中一片死寂，费宫人的哭声在走廊间回荡，十分凄凉，她和太监何新把公主救醒。公主虚弱地说："父皇让我死，我怎么敢偷生？等下贼人入宫，我终究会被找到的。"

---

1 纳罕：惊异，奇怪。

费宫人温柔但是坚定地说："请把您的衣服赐给我，我冒充您，好让您逃走。"公主就把衣服给了费宫人。何新背着公主勿勿逃走了。

终于，李自成从承天门入宫来了。魏宫人大声喊："贼人来了！你我必定受到污辱，该做最后的打算了！"说完就跳河自尽，跟她跳河的宫女超过三百人，女子的装饰和脂粉铺满了河面，河水还因此阻塞，香味几天也散不去。

费宫人目送魏宫人自尽后，就转身回去换上公主的衣服，将自己藏在井中。闯王的军队进来后，大肆搜索，把她强行拉了上来。

费宫人见到李自成，严正地说："我是长平公主，不可无礼！"

李自成见到她的花容月貌，便想将她收为妻妾，但是每次坐在龙椅上，就觉得头晕眼花，看到好几丈高的白衣人站在前面，仿佛看到崇祯皇帝赶他走。李自成心里害怕，于是把她赐给了罗将军。

罗将军自然非常欢喜。费宫人却说："我毕竟是公主，如果你让我祭拜父皇，我就心甘情愿地嫁给你。"罗将军很高兴，便听从了她的请求。

新婚之夜，罗将军在喜筵上喝到大醉。回新房后，打扮得如花似玉的费宫人也准备好筵席，不停劝酒。罗将军高兴得喝醉了，就躺下来睡觉，鼾声大作。费宫人便打发掉侍女，听到周围都没声音了，就拿出刀来，往罗将军的喉咙砍下，他痛得从床上跳起来，挣扎了几下就死了。

屋外的人大惊，连忙推门进来抢救，但已经晚了，只见费宫人盛装打扮好，低头沉默地坐在床上。侍卫上前一看，才知道她已经刎颈自尽。

这件事传到李自成那里，李自成相当惊叹，就慎重的将"公主"以礼安葬。于是贼人都以为公主已死，从此不再追缉，真正的长平公主才能逃过此劫。

诗佳老师说

故事叙述费宫人为国家报仇，最后殉死的事迹，中间穿插魏宫人的事和费宫人对照。两位女性在国破家亡后选择的路不同，魏宫人衡量自己没有报仇的能耐，选择立刻跳河自尽；费宫人则谋划报仇的计划，等仇报了才殉国。两者都需要勇气，但费宫人在勇敢的背后又多了智谋，是有勇有谋的奇女子。

【漫画经典】

使死者反生，生者不愧乎其言，则可谓信矣。

——春秋·公羊高《公羊传》

假使死者复活了，受他托付的人对死者的话都能做到，而且无愧于心，就是有信用了。春秋时代，晋献公临死前，将小儿子奚齐和卓子托付给大夫荀息，荀息就对献公回答这几句话，表示不会辜负大王的托付。相关词是"言而有信"。

46 诈骗的伎俩

（清·袁枚《子不语·偷靴》）

【经典故事】

我从事的这行业很辛苦，就像一般人需要努力工作才能丰衣足食。这工作特别的是很需要团队合作，所以我和同事们培养出很好的默契。

今天我走在街上，准备工作了，忽然见到一个人穿着新靴子在街上走，那是一双经典的黄色圆头靴，簇新的料子，柔软服贴地包裹在腿上，轻便又保暖。

我朝着他走去，对他拱手行礼，拉着手亲切问候："老兄，咱们好久不见，真巧在这里遇到你。"

他一脸茫然的看着我，说："我和你不认识啊！"他紧皱着眉，像要从脑中搜索关于我的记忆。

我还是笑着对他说："老兄，你穿上新靴就忘了老朋友吗？"我打算捉弄他，就掀起他的帽子，丢上旁边房屋的屋顶，又怕被责怪，就迅速的跑走了。

跑了一小段路，回头看看，穿靴的并没有追上来，我就偷偷的从另一条路溜回原来的地方，一看，他果然还在那里，正抬头望着屋顶上的帽子，不知该如何是好。

我偷偷地笑了，他一定是怀疑我喝醉了借酒闹事，才这样捉弄他。我便留在附近看好戏。

这时候，又有一个人走了过来，那人的长相斯文，头上戴着读书人的头巾，衣着十分整洁，他笑着对穿靴地说："刚才那人怎么对你恶作剧呢？现在你的头暴露在大太阳底下，恐怕会被晒晕，为什么不爬上屋顶拿回帽子呢？"

穿靴的苦着一张脸，说："唉，算我倒了楣！这下没有梯子该怎么办？"

读书人摇着头，叹口气说："算了算了！我经常做好事，那就用我的肩膀当作梯子，让你踏上去屋顶拿帽子，怎么样？"

穿靴的很感谢，高兴地对读书人行礼。读书人就蹲下去，耸起肩头。

穿靴的正要踏上去，读书人却生气地说："你太性急了吧！你珍惜你的帽子，我也珍惜我的衣服啊！你的靴子虽然很新，但是鞋底的泥土也不少，你忍心弄脏我的衣服吗？"

穿靴的非常不好意思，羞愧地道歉，便急急忙忙脱下靴子交给他，只穿袜子踏着读书人的肩头，顺利地爬上了屋顶。

穿靴的很轻松就拿到了他的帽子，当他要下来地面时，却见读书人拿着他的靴子跑走了。他愣住了，站在屋顶上无法下来，只能看着那人的身影越来越远，最后终于看不见了。

街上的行人以为他们是好朋友，只是故意戏弄对方而已，因此也没人理会。失去靴子的人，只好在屋顶上苦苦哀求街坊邻居找来梯子救他，弄了老半天才下来地面，而拿走靴子的人已经不知去向了。

我看到这里，忽然背后有一只手轻轻地拍我肩膀，回头看，那个读书人手上拎着一双新靴子，得意地对我说："这靴子很值钱呢，咱们拿到城里卖，一个月吃穿都不是问题啦！"

我也得意地笑了。这行很辛苦，得大伤脑筋才能有收获，而且如果"目标"太精明，防备心太高，可能就做白工了，但幸好愚昧的人多，而聪明的人少，看来这份工作可以持续下去了，哈哈！

诗佳老师说

袁枚曾说："作人贵直，作诗文贵曲。"这篇《偷靴》便是用"曲折"的方式写故事。故事中，第一个丢帽子的骗子让人以为只是恶作剧，第二个骗子让人以为是善心人，到最后一段，读者才发现原来是两个骗子串谋设计的偷靴方法。骗子其实是洞察人性的诈骗者，往往利用人性的单纯、善良或贪念，达到诈骗的目的。今日社会也有许多这类的拐骗事件，本文正有教育和警惕人心的作用。

【漫画经典】

害人之心不可有，防人之心不可无。

——明·洪应明《菜根谭》

不可以存心害人，但是要小心提防被别人陷害。人在生活中必须与各种人打交道，可能会遇到许多风险，如果缺乏应对风险的防范之心，就可能造成生命、财产、情感、事业等的损失，人要学会保护自己。相关词是"招摇撞骗[1]"。

---

1 招摇撞骗：借名炫耀，到处诈骗。

47 吃果子要拜树头

（清・周容《芋老人传》）

【经典故事】

卖芋的老人与妻子是一对独居老人，他们的儿子出外工作，只剩下老夫妇住在渡口相依为命。

那天老人和平常一样在家里，忽然发现有位书生站在外头的屋檐下躲雨，他身上的衣裳单薄，而且被雨水淋湿了，看起来弱不禁风的样子。

老人好心的请书生进来坐坐，一问之下，才知道原来书生刚从城里参加完考试回来。老人略懂些诗书，谈吐不凡，两人交谈了好一阵子，老人就要求妻子煮芋头请书生吃。

不久芋头煮好，端出来时香味四溢，书生禁不住吃了一碗又一碗，十分饱足，他摸着肚子笑说："将来一定不忘您老人家请的这顿芋头！"等雨停了，书生就告辞离去了。

时光飞逝，转眼十多年过去了，书生已经担任相国，富贵至极。

有一回相国心血来潮，要厨师煮好芋头呈上，但他吃了没两口就放下筷子叹道："为什么从前老人请吃的芋头那么香甜呢？"于是派人将老夫妇请过来叙旧。

相国高兴地见过老人，寒暄后，终于开口要求："我一直无法忘记您家的芋头，今天想请老太太为我煮芋。"老夫妇很干脆地答应了。

不久老太太再度端上芬芳的芋头，但相国尝了几口，还是失望地放下筷子，叹道："为什么从前吃过的芋头比较甜美呢？"

老人眼神柔和的看着他，说："那是因为您的地位改变了呀！您当时只是个穷书生，淋雨后饥不择食[1]，吃什么都觉得香；但现在天天有精美的佳肴可品尝，怎能再体会芋头的甜美呢？芋头没变，变的是人，但我还是很高兴您只有口味改变而已。"相国听了，一时半刻说不出话来。

老人又悠悠地说："我年纪大了，听过不少故事。村子南边有对贫苦夫妻，妻子辛苦的操持家务帮助丈夫读书，丈夫功成名就后，却抛弃糟糠之妻而宠爱小老婆，害妻子忧郁而

1　饥不择食：饥饿时不挑选食物的好恶，有什么吃什么，比喻急迫时不做选择。

死。城东有甲、乙两位同学，他们一起苦读，不分彼此，后来乙先做官，听说甲潦倒了却袖手不管，全忘了过去的友情。又听说某人的孩子读书时，家人对他殷切期待，指望他廉洁、有操守，但是他做官后，却因为贪污被免职，所学的道理被抛在脑后。邻居的私塾老师为学生讲故事，说到前朝高官得到朝廷俸禄、君王宠爱，却在异族入侵时背叛国家，将往日的恩义抛弃。人有了今天就忘记昨天，岂止这顿芋头而已！"老人语重心长地说着。

相国听了老人的这番话，内心十分感动，连忙向老人行礼道谢。此后，老人贤明的名声便传扬开来，而相国不忘当初的芋头和老人的恩情，也表现出他的贤达了。

诗佳老师说

　　荀子曾经说"时位移人"，意思是随着时间的推移、个人地位的变化，将使人在思想和品格等方面跟着改变。俗话说："换了位子就换了脑袋。"世上有太多因为地位改变而改变初衷的例子。周容借卖芋老人之口，揭露了人们因为"时位"改变而改变思想的现象。其实人的思想本来就不断在变化，"时位移人"是自然也是必然，卖芋老人提出"莫忘初衷"的警示，因为初衷是最初的愿望和心意，作者想发扬的其实是人性的善良面。

【漫画经典】

名句经典

世之以今日而忘其昔日，岂独一箸间哉。

——清·周容《芋老人传》

世人有了今天就忘记昨天，岂止这顿芋头而已。富贵往往使人忘本，权势总是蒙蔽了人的心智。名句提示我们不要忘记当初良善的本心，更要记得感谢过去曾经帮助自己的人和曾受过的教训。相关词是"饮水思源"。

⓭ 鹅笼夫人传奇

（清·周容《鹅笼夫人传》）

【经典故事】

鹅笼死了，用七尺白绫结束了一生。

他头戴小帽，身穿青衫，身体悬挂在古庙的梁上，足足三天之久。据说他自尽前声声喊着："夫人，我对不起你！"但夫人已听不见了。

鹅笼的夫人，是毗陵¹某户人家的女儿。小时侯，父亲怀抱聪慧的她，慈爱地说："你将来肯定贵不可言。"便慎重地为她选择女婿。某次得到书生鹅笼的文章，惊为天人，立刻就定他为女婿。母亲问："他家境怎样？"父亲回答："我把他的文章当作他的家产。"鹅笼家的确很穷，几年来都还不能下聘迎娶。

夫人的妹妹则许配给有钱人家，很快就要下聘。等到下

---

1 毗陵：pí líng，县名，汉置，晋改为晋陵，在今江苏省武进县。

聘那天，护送聘礼的僮仆将近百人，他们头戴高帽系丝带，光是装聘礼的箩筐就绵延了约一里路。媒人周身插花挂彩，喜气洋洋地，聘礼摆满了庭院的台阶。各类绢丝及珠子串成的手镯，耀眼夺目，照亮了整间屋子。门外的骏马，也骄傲地长声嘶鸣。

亲友们挤成一团围观。有人问妹妹："你姐夫家也像这样吗？"丫头们围住妹妹，掩着嘴儿吃吃笑。鹅笼夫人仍静静地做针线活，一点也不为所动。

有一天，母亲拿出妹妹的聘礼准备制作新衣，忽然扔下针线生气地说："你姐姐没指望了！这辈子只能穿粗布衣服了吧！"鹅笼夫人听见，马上进房脱去丝织衣服，里外都换上了粗布衣裳，以表明心志。

又过了几年，鹅笼更加不得志，也更加不敢想娶妻的事。但夫人的妹妹却要出嫁了，出阁那天锣鼓喧天，热闹非凡，妹妹乘坐扎成凤形的车驾离开家门。但鹅笼夫人仍静静地做针线活，一点也不为所动。

鹅笼二十四岁时，在乡试中中了举人。夫人的母亲惊讶不已，鹅笼急忙请求迎娶。鹅笼夫人却淡淡地对母亲说："反正已经迟了。"鹅笼知道后深感愧疚，便立即进京赶考，在会试、殿试考取状元，名闻天下。

南京府尹听说状元家里很穷，便私自动用公款为他准备聘礼，大小官吏总动员，都前来帮忙，亲友及丫头比围观妹妹受聘礼时还要兴奋。然而鹅龙夫人仍静静地做针线活，一点也不为所动。

不久，皇帝特别恩赐鹅笼回家娶妻。巡抚等官员到驿站¹等候，县官盛装伏道迎接，河岸数十里都是迎亲的绛纱。一个女人如此显贵，实在从没见过。

"十年了，"夫人望着宰相丈夫，说道："您要改掉放纵骄逸的行为啊！"十年来在夫人的规劝下，鹅笼成为有名的清官。然而夫人病了，她伸出苍白细瘦的手，握着丈夫的手说："站得越高，摔得越重，夫君可以退下了。不知什么缘故，我感到今天死了才是幸运。"但鹅笼不能理解妻子的话。

夫人苍白的手，终于向人间挥手告别。朝廷赏赐祭祀的礼仪，为夫人举行了盛大的葬礼，连续进行了七天七夜，比她的婚礼更隆重铺张。

过了一年，鹅笼辞官请假回乡。又过了几年，他攀附权贵再度当上宰相，此时他开始纵欲专权，紊乱朝政，终于获罪被皇帝赐死，尸体悬挂了三天才入殓，牛车将柳木薄棺抬出城

1　驿站：古时候为传送文书而设，提供人、马休息的处所。

外时，没有人观看。

风嘘溜溜地掠过了棺木……

唉，一个人对不起他的国家，肯定先前就对不起他的夫人了。

诗佳老师说

故事据说影射明崇祯时的宰相周延儒。鹅笼夫人出嫁前就不慕荣利，成为宰相夫人后也没有得意忘形，继续保持严以律己的理智，用她不同凡俗的见识与德行，当丈夫的贤内助。她对丈夫有深刻的了解，知道鹅笼虽然有才华，个性却极有问题，得势后，也将因行为骄奢而走向败亡。文中描写迎娶及送葬的盛大场面，就点出鹅笼好大喜功的性格。鹅笼夫妇一贤明、一堕落，形成强烈的对比，揭示骄奢必败的道理。

富贵谁言福作门，骄奢终与祸为邻。

——明·何景明《长安大道行》

富贵并不一定是福气，骄奢的人终究会招来祸患。出自明代文人何景明的《长安大道行》，他的诗取法汉唐，一些诗作颇能反映现实。诗句说明富而不仁以及骄奢的态度，决定了一个人的格局与成败。相关词是"得意忘形[1]"。

1　得意忘形：形容人高兴得忘其所以，举止失去了常态。

㊾ 口技惊四座

（清·林嗣环《口技》）

【经典故事】

今晚，京城里的官宦人家大宴宾客，请知名的口技艺人来演出。府中处处张灯结彩，笑语喧哗，眼见天色已暗，仆人便点燃了红烛，大厅被烛火映照得红艳艳的，流露出官宦人家的富贵风流。

大厅的东北角落，张设着宽约八尺的大红绣花细纱帐幕，围得密密严严的，口技艺人就坐在里面。帐幕中只有一张桌子、一把椅子、一面扇子和一块醒木而已。

所有宾客团团围坐在帐幕外。一会儿，就听到帐幕里头一声醒木响起，所有人精神一振，四下静悄悄地，没人敢大声喧闹。

就在屏气凝神之际，远远地，听见深巷里有狗儿"汪汪"吠叫，有妇人惊醒了，边"哎"地打呵欠、边伸懒腰。她的丈夫正喃喃说着梦话。

不久妇人的孩子醒了过来，"哇哇"大声哭了；丈夫也跟着醒了过来。妇人一边安慰小孩、一边喂小孩吃奶，她轻拍小孩并轻声地哼唱，很温柔的。又有个较大的孩子醒过来了，童言童语地说个不停。

这时，妇人用手拍拍小孩、嘴里唱歌的声音，小孩边吸奶、边哭的声音，大孩子刚醒过来絮叨的说话声音，人在床上动的声音，丈夫粗声斥责大孩子的声音，尿瓶的叮当声，尿尿在尿桶的声音，全部在同一时间发了出来，具备了各种声音的巧妙，描绘出鲜活的家庭故事。

在座宾客，没有人不伸长了脖子、侧着头注意聆听，脸上微微含笑，心头默默赞叹着，认为这口技艺人的表演真是妙极了！

没多久，丈夫发出了阵阵的鼾声，妇人拍孩子也渐渐地停下来了。房屋一角，似乎有老鼠正在窸窸窣窣地活动，盆盆罐罐倾斜翻倒，都是细细微小的杂音。妇人在睡梦中轻轻咳嗽了。

宾客的心情也跟着这些细小日常的声音，稍微放松了些，也稍稍地坐正了。

忽然有个人大喊："失火了！"丈夫起来大叫，妇人也起来大叫，两个小孩一起哭了。不久便有几千几百人大叫，几千几百个小孩在哭，几千几百条狗吠叫。当中混杂着房屋崩倒、瓦石掉落的声音，火烧爆裂的声音，呼呼的风声，几千几百种声音同时发出来；又夹杂着几千几百人的求救声，众人拉倒房屋"许许"的声音，抢救东西和泼水的声音。

凡是火场该有的声音，帐幕中通通都有了。即使一个人有百只手，一只手有百只指头，也不能够一样样地指出这些声音；即使一个人有百张嘴，一张嘴有百条舌头，也不能够一样样地形容出来。此刻却听得分明。

于是，所有的宾客无不被"火灾"吓得变了脸色，他们离开座位，甩甩袖子，伸出手臂，两腿发抖，差点就想抢先逃离"火场"。

忽然帐幕里敲了一下醒木，声音全部停止了。等仆人撤走屏帐，宾客们仔细一看，里头不过是一个人、一张桌子、一把椅子、一面扇子和一块醒木而已。

诗佳老师说

　　口技，是杂技的一种，还包含了腹语术，艺人运用嘴、舌、喉、鼻等发音技巧模仿出各种声音，不论是活着的人、动物或是无生命的物体都能模仿，使声音历历在耳。口技来源自上万年前，人类为了狩猎而模仿各种鸟兽的声音，藉此引诱鸟兽，至数千年前，就发展成口技与腹语术等表演。在故事中"听"到的声音，其实都是口技艺人模仿出来的，作者写来细腻而有层次。

【漫画经典】

感心动耳，荡气回肠。

——三国魏·曹丕《大墙上蒿行》

悦耳动听感动人心，回肠荡气宛转悠扬。形容音乐或声音感人至深。出自曹丕《大墙上蒿行》，劝说隐士出山做官。诗中"女娥长歌，声协宫商[1]。感心动耳，荡气回肠"，极力铺陈声色享乐，以劝隐士出山享受人间之乐，又告诫世人不可浪费光阴，自讨苦吃。相关词是"不绝于耳[2]"。

1　宫商：五音中的宫、商二音，引申为音乐、音律。

2　不绝于耳：声音持续不断。

50 想象力就是超能力

（清·沈复《儿时记趣》）

【经典故事】

　　记得当时年纪小，我睁大了眼睛看着太阳。我的眼力极好，可以看清楚极其细小的东西，比如说，秋天的鸟儿新生出来最纤细的羽毛，都逃不过我的眼睛。只要看到细小的东西，我一定仔细地观察它的纹路，所以常能感受超越事物本身或世俗以外的乐趣。

　　夏天的傍晚，蚊子嗡嗡发出像雷声般的飞鸣声，我将它们比作一群在空中飞舞的鹤。每当我内心有这样的想法，那些成千成百飞舞着的蚊子，果然就像满天飞舞的鹤了。我抬起头观赏这奇异的景象，看得出神，脖子都僵硬了。

　　我留了几只蚊子在白色的蚊帐里，用烟慢慢地喷它们，让它们在烟雾的逼迫下直向上飞舞鸣叫，我把这景象比拟做白鹤飞舞在青云中，果然它们真的像白鹤在云端高亢地叫着，我也因为这样高兴得拍手大呼痛快。

我也常常在低洼、凹凸不平的土墙边，还有杂草丛生的花台边，蹲下自己的身子，使身体和花台一样高，聚精会神地观察着。

那时，我会把繁茂的杂草当作树林，把昆虫蚂蚁想象成野兽，把有泥土瓦砾高起的地方当作山丘，而把低陷下去的地方当作山沟。我想象自己缩得很小很小，我的心在这片小世界里悠闲自在地游历，感到心情舒畅，自得其乐。

有一天，我看见两只小虫在草丛之间打斗，就仔细地观察它们，正看得兴致勃勃的时候，忽然有一个体型庞大的家伙，像搬开大山、撞倒大树一样地闯了过来，声势浩大——原来是一只癞蛤蟆。

只见癞蛤蟆伸出长长的舌头，这两只小虫就全被吞进肚里去了。

我当时年纪很小，冷不防见到这一幕，不禁"哎呀"一声惊叫出来，心头不禁害怕起来；等到心神安定了，才捉住这只癞蛤蟆，拿草鞭打了它几十下，把它赶到别的院子去了。

诗佳老师说

　　童年时期的沈复，以敏锐的观察力和丰富的想象力，在看似平凡无奇的事物中，找到了生活的乐趣，开拓出属于自己的精神世界。人的生活虽然充满了酸甜苦辣，但也充满了情趣，只要保持着一颗纯真的童心，对周遭事物多一点关注，多些观察，多些想象，就能化腐朽为神奇，从中获得无穷的闲情逸趣。希望每个人都保有一颗赤子之心，以美的角度和喜乐的心情，用心看待日常生活中的平凡事物，并且尊重生命、热爱生命。

【漫画经典】

名句经典

　　见藐小微物，必细察其纹理，故时有物外之趣。

　　　　　　　　　　　　——沈复《儿时记趣》

　　只要看到细小的事物，一定细心地观察它的纹路，所以常能感受到超越事物本身的乐趣。形容人的观察力佳，能洞察事理，有时指视力很好。另一句相反意思的是"明察秋毫[1]之末，而不见舆薪"（《孟子》），指眼力能看到一根毫毛的末端，却看不到一车柴草。相关词是"见微知著[2]"。

_____

1　明察秋毫：目光敏锐，观察入微，可看见秋天鸟兽新长的毫毛。
2　见微知著：看到事情的些微迹象，就能知道它的真相及发展趋势。

附录

文言文节选2篇

❶ 烛之武退秦师

　　九月甲午，晋侯、秦伯[1]围郑，以其无礼于晋[2]，且贰于楚[3]也。晋军函陵[4]，秦军泛南[5]。

　　佚之狐[6]言于郑伯曰："国危矣，若使烛之武见秦君[7]，师必退。"公从之。辞[8]曰："臣之壮也[9]，犹[10]不如人；今老矣，

1　晋侯、秦伯：指晋文公和秦穆公，春秋时期有公、侯、伯、子、男五等爵位。

2　以其无礼于晋：指晋文公即位前流亡国外，经过郑国时，没有受到应有的礼遇。倒装句，于晋无礼。以，因为。

3　且贰于楚：并且听命于晋的同时，又听命于楚。且，并且。贰，从属二主。于，对。

4　晋军函陵：晋军驻扎在函陵。军，名词作动词，驻军。函陵，郑国地名，在今河南新郑北。

5　秦军泛南：泛，fán。秦军驻扎在泛南。古代东泛水的南面，在今河南中牟南。

6　佚之狐：郑国大夫。

7　若：假如。使：派。见：进见。

8　辞：推辞。

9　臣之壮也：我壮年的时候。

10　犹：尚且。

无能为也已[1]。"公曰："吾不能早用[2]子，今急而求子，是寡人之过也[3]。然[4]郑亡，子亦有不利焉！"许之[5]。

夜缒[6]而出，见秦伯曰："秦、晋围郑，郑既知亡矣。若亡郑而有益于君[7]，敢以烦执事[8]。越国以鄙远[9]，君知其难也，焉用亡郑以陪邻[10]？邻之厚，君之薄也。若舍郑以为东道主，行李之往来，共其乏困[11]，君亦无所害。且君尝为晋君赐矣[12]，许君焦、瑕，朝济而夕设版焉[13]，君之所知也。夫晋，何厌[14]之

1　无能为也已：不能干什么了。为，做。已，同"矣"，了。

2　用：任用。

3　是寡人之过也：这是我的过错。是，这。过，过错。

4　然：然而。

5　许之：答应这件事。许，答应。

6　缒：zhuì。用绳子拴着从城墙上往下吊。

7　既：已经。亡郑：使郑亡。

8　敢以烦执事：冒昧地拿这件事麻烦您。这是客气的说法。执事，执行事务的人，对对方的敬称。

9　越国以鄙远：越过别国而把远地当作边邑。越，越过。鄙，边邑。作动词。

10　焉用亡郑以陪邻：怎么要用灭掉郑国来给邻国增加土地呢？焉，怎么。以，来。陪，增加。

11　行李：也作"行吏"，外交使节。共，通"供"，供给。

12　尝为晋君赐矣：曾经给予晋君恩惠。尝，曾经。为，给予。赐，恩惠。

13　朝济而夕设版焉：早上渡过黄河，晚上就筑城防御。济，渡河。设版，指筑墙。版，筑土墙用的夹板。

14　厌：通"餍"，满足。

有？既东封郑¹，又欲肆其西封²，若不阙³秦，将焉取之？阙秦以利晋，惟君图之。"秦伯说，与郑人盟。使杞子、逢孙、杨孙戍之，乃还。

子犯请击之。公曰："不可。微夫人之力不及此。因人之力而敝之⁴，不仁⁵；失其所与，不知⁶；以乱易整，不武⁷。吾其还也⁸。"亦去之⁹。

1　东封郑：在东边让郑国成为晋国的边境。封，疆界。作动词。

2　肆其西封：扩展它西边的疆界。指晋国灭郑以后，必将图谋秦国。肆，延伸，扩张。封：疆界。

3　阙：使减损。

4　因：依靠。敝：损害。

5　因人之力而敝之，不仁：依靠别人的力量，又返回来损害他，这是不仁义的。

6　失其所与，不知：失掉自己的同盟者，是不明智的。与，结交，亲附。知，通"智"，明智。

7　以乱易整，不武：用混乱相攻取代联合一致，是不符合武德的。易，代替。不武，不符合武德。

8　吾其还也：我们还是回去吧。其，表商量或希望的语气，还是。

9　去之：离开。

❷ 介之推不言禄

晋侯[1]赏从亡者，介之推[2]不言禄，禄亦弗及。

推曰："献公[3]之子九人，唯君在矣。惠、怀无亲，内外弃之。天未绝晋，必将有主。主晋祀者，非君而谁？天实置之，而二三子[4]以为己力，不亦诬乎？窃人之财，犹谓之盗。况贪天之功，以为己力乎？下义其罪，上赏其奸。上下相蒙，难与处矣。"

其母曰："盍亦求之？以死，谁怼[5]？"

对曰："尤而效之，罪又甚焉！且出怨言，不食其食。"

其母曰："亦使知之，若何？"

对曰："言，身之文也。身将隐，焉用文之？是求显也。"

1　晋侯：指晋文公，即重耳，逃亡在外，在秦国的帮助下回晋继承君位。

2　介之推：晋文公臣子，曾割自己腿上的肉以食文公。

3　献公：重耳之父晋献公。

4　二三子：指跟随文公逃亡的人。子是对人的美称。

5　怼：duì。怨恨。

其母曰："能如是乎？与女偕隐。"遂隐而死。

晋侯求之不获，以绵上[1]为之田[2]曰："以志吾过，且旌[3]人。"

1　绵上：地名，在今山西介休县南、沁源县西北的介山之下。

2　田：祭田。

3　旌：jīng，表扬、表彰。